匠心
点亮人生

湖南铁道职业技术学院
优秀毕业生典型案例

主 编 ◆ 易今科　高　峰

电子工业出版社
Publishing House of Electronics Industry
北京·BEIJING

未经许可，不得以任何方式复制或抄袭本书之部分或全部内容。
版权所有，侵权必究。

图书在版编目（CIP）数据

匠心点亮人生：湖南铁道职业技术学院优秀毕业生典型案例 / 易今科，高峰主编. —北京：电子工业出版社，2022.6

ISBN 978-7-121-43710-6

Ⅰ.①匠⋯ Ⅱ.①易⋯ ②高⋯ Ⅲ.①湖南铁道职业技术学院－毕业生－先进事迹 Ⅳ.①K820.7

中国版本图书馆 CIP 数据核字（2022）第 097028 号

责任编辑：张云怡　　　　　特约编辑：田学清
印　　刷：三河市良远印务有限公司
装　　订：三河市良远印务有限公司
出版发行：电子工业出版社
　　　　　北京市海淀区万寿路 173 信箱　　　邮编：100036
开　　本：720×1000　1/16　印张：14.5　字数：193 千字
版　　次：2022 年 6 月第 1 版
印　　次：2024 年 7 月第 3 次印刷
定　　价：48.00 元

凡所购买电子工业出版社图书有缺损问题，请向购买书店调换。若书店售缺，请与本社发行部联系，联系及邮购电话：（010）88254888，88258888。

质量投诉请发邮件至 zlts@phei.com.cn，盗版侵权举报请发邮件至 dbqq@phei.com.cn。

本书咨询联系方式：（010）88254573，zyy@phei.com.cn。

总序

教育是国之大计，党之大计。职业教育作为一种教育类型，与普通教育具有同等重要地位。在以国内大循环为主体，国内、国际双循环相互促进的新发展格局下，我国实体经济正在高质量发展，在这样的客观环境中，职业教育正在发挥着越来越重要的作用。

不管是哪一种教育类型，素质教育永远是重中之重。作为一名教育工作者，我始终认为，对于个人的成长来说，首先，基础十分重要。基础包括通识基础、专业基础、技术技能基础等，这些都是发展的基础，没有基础，一切都是空中楼阁，"基础不牢，地动山摇"。其次，能力更加重要。在知识更新迅猛、技术日新月异的当今，对大学生学习能力的培养远比知识技能教育更为重要。最后，人的素质最为重要。素质，小则关乎个人的成长成才、成仁成功，大则关乎祖国的希望和民族的未来。

湖南铁道职业技术学院一直高度重视学生的素质教育，建校七十多年来，为国家铁路事业和地方经济社会培养了一大批高素质技术技能人才。据不完全统计，截至目前，学校毕业生成长为"高铁工匠""铁路工匠"，获"火车头奖章"及全国、全路"技术能手"称号者达 126 人。2019 年，我校被立项为"中国特色高水平高职学校建设单位"。之后，学校把学生的素质教育放在更加突出的位置。我们着力构建"厚基础、重复合、强素养"的育人体系，重新修订专业人才培养方案，开展"主修专业+辅修专业"培养试点，组织实施《学生素质教育创新发展行动方案》。我们重构了公共基础课程体系，加强了模块化课程改革，增设了"铁道概论""人工智能""幸福人生""跨文化交互"等特色素质教育课程，实施"湖南铁道大体美劳工程"，培养具有"家国情怀、宽广视野、阳光心态、火车头精神"的湖南铁道特质学生，致力为轨道交通行业和地方培养基础扎实、德技并修的发展型、复合型、创新型、国际化高素质技术技能人才。

教材是课程教学的重要支撑，是实施教学改革的重要载体。党和国家的新要求、产业的变革及教育教学的改革引领教材的创新。这些年，学校组织公共课教师、专业教师和企业兼职教师将时代主题融入教材，结合近年来公共课程改革与实践，借鉴、汲取职业教育新理念与学科领域最新研究成果，编写了《大学语文》《应用数学》《信息技术》《大学生入学教育》《新时代大学生劳动教育》《大学体育与健康教程》《大学生心理健康教程》《大学美育》《大学生安全教育》等模块化公共课程系列教材以及特色教材《匠心点亮人生——湖南铁道职业技术学院优秀毕业生典型案例》，以期进一步推动课程革新，推进课堂革命，提升学生素养。

谨以此序，拉开湖南铁道职业技术学院公共课程改革的序幕，让更多的精品课程和教材精彩呈现，让广大学子从中获益，成为国家和社会需要的、行业和企业欢迎的职场精英和人生赢家！

方小斌[①]

2021 年 9 月

---

① 方小斌，工学博士，研究员，现任湖南铁道职业技术学院党委书记、中国职业技术教育学会高职分会副会长、湖南省人民政府教育督导委员会第八届省督学。2011 年 9 月入选湖南省"新世纪 121 人才工程"，2021 年 9 月荣获湖南省第六届"黄炎培职业教育奖"杰出校长奖。

前言

人无精神不立，国无精神不强。精神是一个人，乃至一个国家和民族赖以生存、持续发展的灵魂，一个民族要在历史的洪流中始终屹立不倒、无往不胜，首先必须在精神上"站得住"且"站得稳"。中华民族自古以来就是一个高度重视精神的民族，工匠精神作为中华民族几千年来世代延续的文明基因，是当代中国精神不可或缺的重要组成部分，是中国亿万工匠在长期劳动实践中日益彰显的匠人风采，是对广大劳动者在长期实践过程中所展现出的优秀匠人品质的高度凝练和集中概括。

新时代以来，习近平总书记立足于新的历史发展阶段，着眼于党和国家事业发展全局，围绕培育和弘扬工匠精神、传承工匠文化做了一系列重要论述，深刻揭示了新时代工匠精神的历史依据、时代特征、精髓要义以及时代价值，并对进一步弘扬工匠精神提出了新的时代任务和要求，为培养立大志、担大任、成大器、立大功的社会主义建设者和接班人提供了重要遵循。2017年10月18日，习近平总书记在党的十九大上提出："建设知识型、技能型、创新型劳动者大军，弘扬劳模精神和工匠精神，营造劳动光荣的社会风尚和精益求精的敬业风气。"这将工匠精神的培养提高到了国家战略的高度。2020年11月24日，习近平总书记在全国劳动模范和先进工作者表彰大会上的讲话中又精辟概括了"工匠精神"的深刻内涵：执着专注、精益求精、一丝不苟、追求卓越。

中国人民用短短几十年时间走过了西方国家几百年的工业化历程，创造了伟大的中国发展奇迹。中国发展奇迹的背后是无数工匠对工匠精神的默默坚持和践行。工匠精神是发展之魂，它引领和驱动着中国的工业化"一骑绝尘"。挖掘工匠精神的内涵，并用工匠精神来助推中国的经济发展和产业升级，在新时代的中国显得尤为重要。

湖南铁道职业技术学院建校七十多年来，为国家铁路事业和地方经济社会发展培养了一大批高素质技术技能人才。本书从获得"高铁工匠""铁路工匠""火车头奖章"及全国、全路"技术能手"称号的学校优秀毕业生中精选了首批41位优秀毕业生的典型事例，从执着专注、精益求精、一丝不苟、追求卓越四个方面，分成四个篇章，介绍了这41位优秀校友从一名莘莘学子成长为"大国工匠"的历程，他们以实际行动生动地诠释了"工匠精神"的真正内涵。

本书由湖南铁道职业技术学院党委书记方小斌、校长张莹、党委副书记杨利军以及易今科、高峰等人共同策划、设计、统筹编写和审定。湖南铁道职业技术学院谷利成、徐敏、袁薇、陈姝、钱罗权、李忠华、杨文治、龚娟、黄娟、霍诗嫣等老师以及湖南铁道职业技术学院部分大学生记者团成员为采写、报道这些优秀毕业生做出了大量工作，部分优秀毕业生典型事迹摘自《工人日报》《人民铁道》《潇湘晨报》《湖北日报》《现代快报》等媒体以及中国铁路广州局集团有限公司、中国铁路南昌局集团有限公司、中国铁路上海局集团有限公司下属的微信公众号、融媒体中心等新媒体，在此一并表示感谢！

编　者

2022年8月

目录

■ **第一篇 执着专注** ■

国务院政府特殊津贴获得者陈士华：择一事，终一生 2

省级技术能手周俊兵：服务"一带一路"的年轻工长 8

"省技术能手"廖胜利：练就过硬本领，向着"胜利"前行 14

"地铁匠人"熊凯：敬业专注 勤于实干 19

"三八红旗手"黄靖：咬定青山不放松 25

爱学习的朱立平：笃力前行 书写青春故事 30

"检车状元"颜其：奋斗是青春最亮丽的底色 33

"急诊女医生"刘璐：专给高铁"治病"的"95后" 40

全能冠军刘理：积跬步以至千里 45

任劳任怨的宋云武：用行动抓住每一次提升的机会 48

"全路技术能手"肖嘉：事之所起 一往而深 52

■ **第二篇 精益求精** ■

"全国五一劳动奖章"获得者谢光明：用平凡铸就非凡，以匠心点亮人生 60

"90后"机械师刘鹏：毕业两年，圆梦全路总冠军 67

青年工匠肖乾亮：业精于勤，行成于思 74

最年轻的工班长何宪：自古成业唯精专 81

"高铁工匠"刘少杰：把产品做成精品和艺术品 86

"90 后"帅小伙彭英杰：四年磨一剑，出鞘露锋芒 92

"全路技术能手"熊轶：不忘来时路 不负少年心 96

中国中车优秀裁判长姜志胜：博学笃志 严谨踏实 101

"检修匠士"周勇：严谨务实 精益求精 107

"全国五一劳动奖章"获得者张伟：把基础性工作做深做透 111

第三篇　一丝不苟

"挑战不可能"的盛金龙：厚积薄发，匠心筑梦 120

"专业大师"李东宇：百炼成钢，不负韶华 127

"最美青工"高爱明：钢轨上的"吉普赛女孩" 131

"尼红奖章"获得者刘伟：在竞赛中成长 137

勇攀高峰的聂睿：当尖兵，当先锋 144

"业务专家"殷古佳：汗水浇开幸福花 149

厚积薄发的蒋敏：勇做基层排头兵 154

"全国技术能手"顾若晨：无须扬鞭自奋蹄 158

"修脚医生"董笛郁：检修的轴承属"免检"产品 161

段内首个"女指挥官"周利娟：万次调度零失误 165

第四篇　追求卓越

中国中车资深技能专家聂毅：挑战自我，成就辉煌 170

"火车神探"胡勇勇：集团公司最年轻的"铁路工匠" 175

全能冠军彭智勇：向着梦想前进的"90 后" 180

带着独门秘籍的佘剑：一年连获三冠 187

"荆楚工匠"田晓磊：专治火车"头"疼事 191

"中国中车技术标兵"魏陆军：9年追梦冠军路 195

"三晋工匠"张峰杰：永争第一是他的人生信条 198

"中车技能专家"朱献：没有松柏恒 难得雪中青 203

"青年岗位能手"刘昌盛：持之以恒 不忘初心 207

"火箭型"职工盛润五：心中有个"小目标" 211

后记 215

第一篇

执着专注

执着就是长久地，甚至一生从事自己所认定的事业，无怨无悔，永不放弃；专注就是把精力全部凝聚到自己认定的目标上，一心一意地走好自己的路，不达目的誓不罢休。执着专注是优秀工匠的必备品质，是"工匠精神"的外在体现。始终专注于心、执着于行，是对新时代匠人提出的首要基本要求。"择一事终一生"的执着专注精神，是致力于实现中国梦的新时代大国工匠应有的匠人情怀[①]。

"上错花轿嫁对郎"的陈士华，二十年如一日，从零开始，刻苦自学，一直默默耕耘在无损检测岗位上，靠的就是一份执着与专注，终成大器。"江西省技术能手"周俊兵，始终怀揣着一颗执着和永不服输的心，日积月累地认真钻研技术业务，不断沉淀专业知识，成为服务国家"一带一路"的年轻工长。酷暑时节，每天蜷缩在 70℃～80℃ 动力室的廖胜利，为了尽快熟悉业务，常常一练就是十多个小时，终于练就过硬本领，成为省级技术能手。还有"地铁匠人"熊凯、"三八红旗手"黄靖、精于"五小改造"的朱立平、"检车状元"颜其、"急诊女医生"刘璐、全能冠军刘理、任劳任怨的宋云武、"全路技术能手"肖嘉，他们都执着、专注于自己热爱的本职工作，不忘初心，坚守理想，精炼技能，心无旁骛地做好自己的工作，最终实现了自身的价值。

---

① 卢亚利.习近平关于工匠精神重要论述的精髓要义与时代价值[J].中共南宁市委党校学报，2021（6）：21-26

国务院政府特殊津贴获得者陈士华：
择一事，终一生

工匠简介

陈士华：湖南铁道职业技术学院电器专业 1991 届毕业生，现任中车戚墅堰机车车辆工艺研究所有限公司高级技师；曾获"全国技术能手""中国南车技术标兵""首届中国南车技能大师"等荣誉称号，是中国中车集团有限公司（简称中国中车）首席技能专家、国家级技能大师领办人、江苏省技能大师工作室领办人、江苏省企业首席技师，享受国务院政府特殊津贴；2017 年被中国中车授予"高铁工匠"称号。

工匠绝学

凭借着一股钻劲、韧劲，在极短的时间内，陈士华获得了铁道部门磁粉探伤、渗透探伤、射线探伤、超声波探伤的Ⅱ级技术资格证，以及欧盟EN473体系磁粉探伤、渗透探伤、超声波探伤的Ⅱ级技术资格证。经过几十年的磨炼，仅凭一些细小的圆孔和不规则的散铁，他就能判断出铸钢件是否存在薄厚不均、切面不整的缺陷。

工匠成长经历

他被业内尊称为"高铁神医"，同时还是"全国技术能手""中国南车技术标兵""首届中国南车技能大师""中国中车首席技能专家""国家级技能大师领办人""江苏省技能大师工作室领办人""江苏省企业首席技师"，并享受国务院政府特殊津贴……他就是原株洲铁路电机学校（现湖南铁道职业技术学院）87级电器专业的毕业生陈士华。

陈士华近年所获荣誉

（1）2007年，在中国南车第四届职业技能竞赛无损检测员比赛中获得第一名，被授予"技术标兵"称号；

（2）2008年，被授予"全国技术能手"荣誉称号；

（3）2008年，被评为"中国南车技能专家"；

（4）2011年，被评为"中国南车技能大师"；

（5）2013年，获批设立常州市"陈士华技能大师工作室"；

（6）2013年，被授予国务院政府特殊津贴；

（7）2014年，被评为"江苏省技能大师工作室领办人"；

（8）2015年，被评为"江苏省企业首席技师"；

（9）2016年，被评为"中车首席技能专家"；

（10）2017年8月，被评为"中车高铁工匠"；

（11）2017年8月，获批设立"陈士华国家级技能大师工作室"；

（12）2018年1月，被评为"江苏工匠"。

"上错花轿嫁对郎"

1991年，电器专业毕业的陈士华进入中车戚墅堰机车车辆工艺研究所有限公司工作，阴差阳错，他被分配到了无损检测岗位上。面对不熟悉的环境和设备，陈士华从零开始，虚心请教，刻苦自学，也许是由于没有条条框框限制，针对火车制动盘摩擦面有裂纹的问题，他大胆采用了超声波来检查内部缺陷，顺利找出了原因，并配合铸造工艺人员解决了这一产品质量难题。公司制动盘的产量也从最初的几百只，增长到现在的年产5万只以上，年销售收入达2亿元。随后，陈士华凭借着一股钻劲、韧劲，在极短的时间内，获得了铁道部门磁粉探伤、渗透探伤、射线探伤、超声波探伤的Ⅱ级技术资格证，以及欧盟EN473体系磁粉探伤、渗透探伤、超声波探伤的Ⅱ级技术资格证。每每说到此处，陈士华都会笑着说，"我这属于'上错花轿嫁对郎'。尽管毕业后没能从事与自身专业对口的工作，但是学校的教育培养了我的学习能力和勇于拼搏创新的精神，这些都让我受益终生。"

练就"火眼金睛"，成就"高铁神医"

作为诸多产品探伤工作的先行者，遇到困难是必然的，而解决困难是他唯一的选择。20多年来，陈士华先后研究解决了数十项无损检测技术和操作难题，为保证公司产品质量、扩大产品市场占有率、提升客户满意度、增加公司销售收入做出了突出的贡献。经过几十年的磨炼，仅凭一些细小的圆孔和不规则的散铁，陈士华就能判断出铸钢件是否存在薄厚不均、切面不整的缺陷，同事们都称他为"孙猴子"，因为他有一双"火眼金睛"。靠着一双"火眼金睛"，陈士华团队承接了 HXD1B 电力机车联轴节电子束焊缝超声检测国产化项目，在只有一只样品、无任何技术资料的情况下，他会同焊接工艺人员，使用超声相控阵成像技术，解决了研制阶段普通超声波无法判断、射线探伤无法得到最佳透照方向也无法检出缺陷的难题，为产品日常普通超声波检测找到了准确的判断方法。经过一个使用周期的拆卸检测，结果表明，未发现因为焊接缺陷原因导致的不合格产品，产品连续多年年销售收入达千万元以上。

"他取得的成果，覆盖了我国高铁领域方方面面的产品，他 27 年的成长，也见证了我国高铁事业的发展，在高铁齿轮箱系统的开发、钩环系统的开发生产、自动系统的开发生产及我国铁路工程机械领域，都运用了他取得的无损探伤检测的成果。在公司内我们称他为'专家'，公司外的人称他为'高铁神医'，地方上的人称他为'高铁神探'。"公司工会副主席毛志明对于陈士华的工作表现赞不绝口。

技术、科研齐头并进

"撰写论文、申报专利不应该只局限于科研技术人员，技能工匠也应勤奋学习、潜心钻研，积极撰写论文和申请专利。"从业 27 年以来，陈士华先后在《电焊机》《科技创新导报》《轨道交通装备与技术》等杂志上发表了《联轴节电子束焊焊缝超声相控阵检测技术》《带中心孔零件内孔和两端面横向缺陷的磁粉探伤》《提高角焊缝超声波探伤二次波扫查缺陷识别率的研究》《铸钢件超声波 20dB 法应用实践》等多篇论文。他还先后主持和参与研发了"一种性能测试用复合荧光磁粉的处理方法""低地板有轨电车车轮超声检测样块及其测试方法""一种消除圆柱形侧壁盲区缺陷的工件制造方法"等多项专利。对此，陈士华谦虚地说，"这些成绩的取得既是荣誉也是鞭策，自己还需要不断成长，为企业的发展多做贡献。"

陈士华是这么说的，更是这么做的。近几年，他先后提交落实了"钢带磁粉探伤工艺优化""齿轮坯轴向超声波探伤灵敏度调整方法改进""火车轮轴超声波探伤""上海地铁车轴探伤工序设置点优化"等多项合理化建议，在提高产品检测效率、确保检测质量、降本增效、减轻操作人员的劳动强度和保护工作环境等方面做出了贡献，也为公司及中国整个铁路行业做出了实实在在的贡献。

无私奉献打造精英团队

为了让中国高铁事业得到更快速的发展，陈士华将个人所学毫不吝啬地传授给别人。他每年培养的"无损检测"人员超过1200人，其中更有不少的技师和高级技师。"专业人员个人的力量是渺小的，用技能武装年轻人，大家一起奋斗，事业才能辉煌。"陈士华非常重视团队操作技能的共同提高，在传帮带方面做了不少工作。平时同事们遇到难题一同解决、把发表的论文拿来一同分享、做好每年技能鉴定考试的考前辅导、撰写课件详细解读技术奥秘……通过这些措施，陈士华培养了多名技师及高级技师，他们很多已经成为企业的技术骨干。在2015年中车探伤工技能大赛上，陈士华培养的弟子们取得了个人第13名、团体二等奖的好成绩。

"匠"是一种修行，"匠人"秉承一份执着。他择一事，终一生，穷尽一生磨炼技能，如此的专注与执着，是我们学习的榜样。陈士华一直用行动为工匠精神做着最好的诠释，中国高铁迈向世界的每一步的底气，都来自像他一样的工匠们。就是这样一个平平凡凡的陈士华，用他专注的眼神和执着的精神在技术的世界里，淡定求索、刻苦钻研。在他的身上，我们看到了为中国梦提速的中国高铁工人的精神。

工匠话匠心

"专业人员个人的力量是渺小的，用技能武装年轻人，大家一起奋斗，事业才能辉煌。"

省级技术能手周俊兵：服务"一带一路"的年轻工长

工匠简介

周俊兵：湖南铁道职业技术学院计算机硬件与外设专业 2012 届毕业生，现任中国交通建设集团有限公司驻肯尼亚蒙内铁路通信工工长；曾任南昌局集团公司南昌通信段通信工，2013 年获江西省"振兴杯"第九届原南昌铁路局职业技能竞赛通信工（无线）竞赛项目决赛第二名；先后被授予"南昌铁路局技术能手""江西省青年岗位能手""江西省技术能手"等称号。

工匠绝学

2015年，周俊兵在南昌通信段青年职业技能竞赛中，获得"G网项目"第一名。

工匠成长经历

周俊兵，湖南铁道职业技术学院原信息工程系计算机硬件与外设091班毕业生，毕业一年即获江西省"振兴杯"第九届原南昌铁路局职业技能竞赛通信工（无线）竞赛项目决赛第二名，还被授予了"南昌铁路局技术能手""江西省青年岗位能手""江西省技术能手"等荣誉称号。如今，他又远赴非洲，投身到国家"一带一路"的建设当中。

"我的专业知识是从学校机房学起的"

2009年8月，家住衡阳的周俊兵收到了湖南铁道职业技术学院的录取通知书。那时的他正在为高考失利而郁闷，去复读、去打工还是去上大学？他犹疑不决。最终周俊兵决定继续念书，因为他在通知书上看到了"国家首批示范高职院校"这几个字。2009年9月，他成了湖南铁道职业技术学院信息工程系的一名新生。

入学后的周俊兵调整好心态，决定好好利用在校的三年时间学习专业知识，并努力提高自己的综合素质。他从来没有当过班干部，但想尝试一下，于是他参加了班长的竞选，然而却失败了。他没有放弃，依然积极配合班长做好班级管理工作。第二学期原班长辞去了职务，他便顺利接任了班长一职，热心积极地为同学们服务。

在校期间，他不放过任何一个学习专业知识的机会。有一天，时任班主任周国强老师说，学校机房准备招聘几个动手能力强的学生来维护机房电脑，提供勤工俭学岗位。从小就爱动手的周俊兵自然不会放弃这个学习和实践的机会。"我的专业知识就是从学校机房里开始学的，机房里所有的机子我们都拆装过，专业技术就是在这种非常艰苦的环境中累积起来的。"时隔多年，周俊兵仍然对引领他开启专业之路的宁云智和周国强两位老师充满感激之情。在两年多的时间里，他几乎天天泡在机房，如饥似渴地学习专业知识。从电脑的整机组装到花屏、蓝屏的维修，他逐渐得心应手。"周俊兵热爱学习，喜欢钻研。他负责一个机房的硬件维护，根本不需要我们操心。"宁云智老师这样评价周俊兵。

在课余时间，周俊兵还利用学到的专业知识在校外为他人维护电脑、装系统等，赚取生活费的同时不断充实自己的专业知识。2011年暑假，他在中房电脑城一家电脑公司实习，当时月工资仅为600元，但他不在乎工资低，他更看重的是学习的机会。在电脑公司，周俊兵选最脏、最累的活来干，休息时就向老员工请教。由于干活认真且卖力，他和同事的关系处得很好，那些老员工也毫无保留地向他传授了很多解决"疑难杂症"的方法和技巧。

2011年5月，周俊兵顺利成为一名中国共产党预备党员。2011年9月，南昌局集团公司来校招聘，周俊兵顺利通过面试进入了铁路通信信号订单班。

"要有一颗执着和永不服输的心"

转入订单班就意味着重新学习专业知识，学了两年计算机的他，重新学习，从零开始。通过前两年的学习，他的学习能力得到了提高，学习业务知识得心应手。在傅宗纯、龚江涛等老师的带领下，他迅速融入新专业知识的学习之中，为进入工作岗位打下了坚实的基础。

2011年年底，周俊兵想提前了解铁路的运输组织形式，于是在广州客运段当了一个春运列车员，值乘 K9228 次列车。从那时起，他便把自己当成了一个铁路人。

2012 年 7 月，周俊兵毕业后被分配到漳州 GSM-R 工区。当时正赶上龙厦高铁开通，在新的工作环境中，高铁的气息感染着他，对高铁知识的渴望也鼓舞着他。于是，他暗暗地下定决心，要做一颗高铁路基上的铺路石，为万里铁道线贡献属于自己的力量。

进入新的环境，周俊兵做的第一件事就是学习。他认真学习高铁通信新技术，把学校学的书本知识与现场设备结合起来，反复琢磨，反复研究，在很短时间内便适应了新的环境。他在车间调度岗位助勤，发现调度岗位经常更换人员，为了工作的连续性，他利用空余时间整理了一份名为《车间调度作业流程》的文档，为后续新人熟悉车间调度提供了很大的帮助。因工作积极、成绩突出，2013 年 2 月，参加工作仅七个月的周俊兵被任命为漳州 GSM-R 工区的代工长。

网优是 GSM-R 工区的重点工作，涉及面广，内容复杂，处理耗时长，处理难度大。为完成好疑难障碍的处理和网优工作，周俊兵认真钻研技术业务，虚心地向工程师请教，遇到不懂就请教老师傅，或者去网上查找资料，就这样日积月累地追赶时间的脚步，不断地沉淀与积累高铁通信知识。为了弄懂高铁通信系统中的 GSM-R 产生干扰的原因和机理，他购买了许多书籍进行研究。他一边研究理论知识，一边实践，有时为了查明一个干扰源，他在一个干扰点一蹲便是一天。

2013 年 9 月，毕业仅一年的周俊兵参加了江西省"振兴杯"第九届原南昌铁路局职业技能竞赛通信工（无线）竞赛项目决赛并获得了第二名，还被授予"南昌铁路局技术能手""江西省青年岗位能手""江西省技术能手"等荣誉称号。2015 年，周俊兵又在南昌通信段青年职业技能竞赛中，获得"G 网项目"第一名。"只要你有一颗执着和永不服输的心，那就没有学不好的业务，没有过不去的坎。"周俊兵如是说。

"个人意志应该服务于国家意志"

从 2012 年到 2018 年，经过六年时光的洗礼和磨砺，周俊兵由一名普通工人成长为南昌通信段党委办公室一名员工。他干过工人、干过工长，参与过杭长高铁、合福高铁、衡茶吉铁路的联调联试。他通过面试当上了车间技术主管，而后调入段党委办公室工作。2018 年 5 月，就在大家都在羡慕他的时候，周俊兵却做出了一个既惊人又大胆的决定——跳槽到中国交通建设集团有限公司，投身到"一带一路"建设当中。从此，他远离妻子和刚满周岁的儿子，来到非洲的肯尼亚，成为肯尼亚蒙内铁路线上的一名通信工，不久又被提拔为工长。他说，"个人意志应该服务于国家意志。"

蒙内铁路即蒙巴萨至内罗毕标轨铁路，全长约 480 公里，东起肯尼亚东部港口城市蒙巴萨，西至肯尼亚首都内罗毕，由中国交通建设集团有限公司总承包，以及中国路桥工程有限责任公司承建。这个集设计、施工监理、融资、装备采购和运营管理为一体的"中国标准"全产业链项目，成为"一带一路"建设的重要成果，也成为中非在现代基础设施建设方面友好合作的典范。

周俊兵在蒙内铁路干的仍然是老本行，负责该条铁路 GSM-R 网络的维护工作。之所以选择不远万里来到异国他乡，周俊兵坦言是看好国家"一带一路"建设的良好机遇，看好蒙内铁路未来发展的良好前景。因为，未来蒙内铁路还将向南苏丹、埃塞俄比亚等国延伸，深入广阔的非洲大陆经济腹地，造福更多的人。这条开启了地区铁路新时代的现代化铁路，必将为"一带一路"建设写下合作共赢的新篇章。处于这个伟大的新时代，能够为国家的"一带一路"建设、为非洲地区的发展做出自己的一点贡献，周俊兵感到十分的骄傲与自豪。

"你，一定要等我归来！"

虽身处万里之外的非洲，周俊兵却时时刻刻思念着家乡，思念着母校和母校的老师。最近，他在最近一篇"忆母校"的文章中写道："学霸们的校园有未名湖、象牙塔、水木清华和日冕，属于湖铁人的是株洲、田心、南峰山、南车集团、天一草坪等，这些元素在我们心中有着不一样的含义。怀念那回不去的曾经，怀念那相册里互相拥抱的画面，怀念那克服怯弱的校园舞台，怀念那充满兄弟情谊的宿舍，怀念那满是欢声笑语的教室，怀念那轻声静怡的图书馆，怀念那亦师亦友的可爱教师，怀念六年前在田心发生的点点滴滴……感谢母校给我了三年的纯真时光，我在这里开始拥抱社会。三年的时光转瞬即逝，来不及珍藏就已经远去，只留下相片里稚嫩无邪的笑容。""我许下一个愿望，能在学校搬迁之前再回田心看看熟悉的校园，一睹记忆中母校的尊容。你，一定要等我归来！"

工匠话匠心

"只要你有一颗执着和永不服输的心，那就没有学不好的业务，没有过不去的坎。"

"省技术能手"廖胜利：练就过硬本领，向着"胜利"前行

工匠简介

廖胜利：湖南铁道职业技术学院电气化铁道技术专业2010届毕业生，现任南昌局集团公司向塘机务段指导司机；2014年获得江西省"振兴杯"职业技能竞赛电力机车项目第一名；2015年获得"江西省最美青工"、"江西省技术能手"、"全国铁路五四青年奖章"、全国第二季"最美青工"、"江西省五一劳动奖章"等荣誉。

"省技术能手"廖胜利：练就过硬本领，向着"胜利"前行

工匠绝学

经过一个多月的刻苦练习，廖胜利以绝对优势成功斩获了 HXD3C 项目技能竞赛的冠军，让曾经以为他只是去"打酱油"的工友们刮目相看。

工匠成长经历

他参加工作 4 年，累计安全行车 17 万 4 千多公里，行驶里程可绕地球四圈；他参加工作 5 年，顺利完成了由一名新入路青工向一名优秀火车司机的蜕变，并被单位破格提拔为指导司机；他参加工作 6 年，先后获得了"江西省'振兴杯'职业技能竞赛冠军""江西省五一劳动奖章""江西省最美青工""江西省技术能手""全国铁路五四青年奖章""全国第二季'最美青工'"等一系列殊荣。在荣誉面前，他仍努力奋斗，向着"胜利"继续前进。他就是湖南铁道职业技术学院的优秀毕业生廖胜利。

"感谢母校的严格管理，让我对自己有了更高的要求。"

2007 年，廖胜利考入湖南铁道职业技术学院机电系（现在的制造学院）焊接专业，后转入电气化铁道技术专业（现在的机辆学院）学习。刚入学的时候他便积极参加学校的各项活动，并担任了学生会宣传部部长，荣获了校级优秀毕业生、湖南省优秀毕业生等荣誉称号。

"当个别同学忙于'上网'的时候，他在体育场上锻炼；当个别同学无所事事的时候，他在积极参加各类社会实践活动；当个别同学面临补考的时候，他在自修其他的课程……"廖胜利这位品学兼优的学生给当年的辅导员老师黄娟留下了深刻的印象。

"感谢母校的严格管理，让我对自己有了更高的要求；感谢母校三尺讲台上老师们的'辛勤耕耘'，让我能够快速掌握岗位专业领域知识；感谢学

校所提供的实训器材,使学生快速提升自己的动手能力……"说起自己三年的学习生涯,廖胜利总是心怀感激,正是这三年的宝贵时光,培养了他过硬的技术和学习能力,为他今后的职业生涯的发展打下了良好的基础。

"对于我们年轻人来说,苦点累点真没啥,只要能学到真功夫,那就值了!"

2010 年,毕业后的廖胜利来到南昌局集团公司向塘机务段九江运用车间工作,陌生的工作、生活环境让初涉职场的他一度感到迷茫困惑。工作的压力、家人的期盼一股脑儿涌向他的心头:"我未来努力的方向在哪?""怎样才能成为一名合格的火车司机?"在一个个实际难题前,坚信"学如逆水行舟,不进则退"的他选择了踏踏实实干好火车司机的本职工作,让机车成为他最好的朋友,继续承载他职业生涯的未来方向。

为了尽快熟悉行车业务知识,早日顶岗电力机车学习司机,年轻的廖胜利确实"蛮拼的"!2010 年 8 月的九江,火辣辣的太阳直射大地,炙热的阳光把没有遮挡的作业场烤得直冒热气,地表气温趋近 60℃。此时进库机车动力室温高达 70℃~80℃,一进动力室热浪就迎面袭来,让人感觉好像要窒息。为了能让自己"不输在起跑线上",他只有暗自给自己加码,坚持每天蜷缩在这酷似"蒸笼"的动力室里,常常一练就是十来个小时。"对于我们年轻人来说,苦点累点真没啥,只要能学到真功夫,那就值了!"廖胜利如是说道。在练习机车检点的过程中,他身上的工作服总是湿了又干,干了又湿,直至皮肉与衣裤粘连。实在是热得吃不消了,他就跑到动力室外"乘凉",喘上几口粗气又跑回"火炉"。累了,他就靠在司机室操纵台上歇一歇再继续练。经过现场工作的艰辛砥砺,他打下了扎实的专业基础,在短短两年内便顺利考上了电力机车学习司机和司机，成为工友们口中的业务知识"问不倒"。

"他也许不是天资最聪慧的一个，但一定是最努力、最肯下苦功的一个。"

由于准备充分，在 2014 年段电力机车竞赛脱颖而出的廖胜利，被选拔参加江西省"振兴杯"职业技能竞赛。对于这次参加比赛机会，廖胜利显得格外珍惜，"比赛中没有万一！既然参赛，我就一定要努力拔得头筹，为单位争得荣誉。"年轻的廖胜利是这样说的，更是这样做的。

为了能在短时间内使自己的实战技能有所突破，他索性住在了车间教育室，跟随段职教科万老师反复练习实作考试中的关键项点。"我带过很多学生，小廖也许不是天资最聪慧的一个，但他一定是最努力、最肯下苦功的一个。"对于自己的学生，万老师客观评价道。

在为期一个月的专业培训过程，廖胜利记忆中除了汗水还是汗水，为了掌握过硬的专业技术，在白天老师的讲解和操纵时，他全神贯注，用他自己的话说就是"生怕一次眨眼的时间就错过了要学的东西"，对待任何一个知识项点，他都锱铢必较，确保达到"知其然也知其所以然"的程度。遇到无法弄懂的行车难题，他坚持一个问题、一个问题地啃，一条规章、一条规章地背。一天的实作练习下来，他身上的衣服总是没有一块干净的地方，手臂、腿上更有不少被机车"铁疙瘩"磕碰后产生的淤青。辛勤汗水的挥洒带来的是实战技能的迅速提升，经过一个多月的刻苦练习，他以绝对优势成功斩获了 HXD3C 项目技能竞赛的冠军，让曾经以为他只是去"打酱油"的工友们刮目相看。

"要做就做得最好"这是廖胜利经常挂在嘴边的一句话。他知道火车司机这条路注定是不平凡的,酷暑寒冬,披星戴月,其间的艰辛、汗水和泪水,付出与收获,甘苦自知。他也深知如果安全运输上出了问题,轻则单位利益受损,重则有可能使生命安全受到威胁。因而他始终把"敬业爱岗、安全至上、精益求精、甘于奉献"作为自己的工作信念与追求,让自己的工作和学习一如既往地"在路上"。

工匠话匠心

"要做就做得最好!""对于我们年轻人来说,苦点累点真没啥,只要能学到真功夫,那就值了!"

"地铁匠人"熊凯：敬业专注 勤于实干

工匠简介

熊凯：湖南铁道职业技术学院城市轨道交通控制专业2013届毕业生，现任宁波市轨道交通集团有限公司运营分公司电子电气工程师；2014年被评为宁波轨道交通集团运营分公司"十佳技术标兵"，2016年被评为宁波市"首席工人"，2017年荣获宁波轨道交通集团公司"地铁匠人"称号。

工匠绝学

熊凯自主设计了 PLC 控制列车多次开关门装置，可以实现地铁车门任意次数开门，安全高效，很实用。

工匠成长经历

"'地铁匠人'只是一个荣誉称号，我们希望能够传递一种专注岗位、爱岗敬业的精神，同时也希望在榜样的带动下，越来越多的地铁人在自己的岗位上，取得优秀的成绩。"宁波轨道交通相关负责人说道，"熊凯对电客车客室车门的调整有一套完整的方法，并积极分享经验，带出了一大批班组技术骨干。"

2017 年，宁波轨道交通举行颁奖典礼，11 位在自己岗位做出了卓越贡献的员工获得首届"地铁匠人"荣誉称号。湖南铁道职业技术学院城市轨道交通控制专业 2013 届毕业生熊凯名列其中。

熊凯，伴着轨道交通的脚步，他坚定前行，从电客车维修员到工程师，取得了一个又一个的成绩。"先进个人""十佳技术标兵""首席工人""五星级班组长""劳动模范""地铁匠人"，一个个荣誉见证了熊凯一路以来跨越荆棘的成长之路。

敬业专注，尽心尽责

2013 年毕业后，熊凯进入宁波轨道交通，从一个"懵懂"的"门外汉"成长成了一名身兼重任的电客车维修员，工作中的他尽职尽责讲奉献、勤勤恳恳见赤心。"宁波地铁车辆部检修工班成立初期，班组成员大多以订单班学员为主，他们对生产现场作业流程不熟悉，专业知识相对欠缺，现场实操经验不足。熊凯利用作业间隙带领班组成员上车进行专业知识培训，讲解各系统原理。"宁波地铁车辆部领导介绍道，"上车顶、钻车底成了家常便饭，为了让新员工能理解某一系统的工作原理，他常常在车底或车顶一待就是几个小时，为新员工进行一遍遍的讲解，有时还会结合厂家改造或整改让新员工亲自对部件进行拆装，以增强学员现场实操能力。"

"在校学习期间，老师注重'手把手''一对一'的言传身教，专业教师黄杰老师、吴冰老师精益求精、严谨专注的职业精神对我影响很深。"熊凯说，"我记得最深刻的就是2013年6月参加全国职业院校城市轨道交通安装与维护'康尼杯'前期的培训工作。备战期间刚好是端午节，黄杰、吴冰两位老师牺牲陪伴家人的时间来学校认真地给我们讲解塞拉门调整工艺、布线工艺和车门开关动作流程，我们三位参加竞赛的人员非常感动。最后我们取得了此次比赛'三等奖'的好成绩。从那时候起，我就对自己说，一定要学习两位老师的责任心和敬业精神、奉献精神。"正因为如此，熊凯通过在校参加技能竞赛，学到了很多的东西，工作期间面对公司级、区级及宁波市级各种大小技术比武都能轻松应对，先后获得"宁波轨道交通地铁匠人""运营分公司劳动模范"等荣誉称号。

善于学习，勤于实干

"他是我见过的，最爱学习的班长、最实干的班长。"班组员工说。2015年，熊凯被提升为工班长，带领班组踏踏实实、认真钻研、苦干实干，以实际行动践行着"平凡岗位也能干出不俗业绩"口号。他要求班组员工秉持"我要学""自觉学"的学习理念，每天都会跟班组员工一起针对故障现象、处理方法及原理进行学习讨论，做到举一反三，运用自如。他将脚踏实地的实干精神落实到自己平凡的工作岗位上,经常带领班组员工投身车辆的隐患检查和抢修中。特别是在 1 号线二期保开通的时候,在极大的检修压力和供车压力下,他带领班组员工通宵抢修,排除隐患,在紧要关头确保了供车。在熊凯的带领下,班组员工不但出色地完成了各项生产任务,而且有了很大的技能提升,在多次技术比武中取得优异成绩,班组也被打造成一支有战斗力、凝聚力、团结力、向心力的班组,他本人也成为"五星级班组长""十佳技术标兵"。

在校学习期间,熊凯一直学习非常认真、涉猎范围很广,并曾担任学校护校队副大队长。"我基本每天都会去学校图书馆看 2 小时的书籍,有电机与电气控制、模电、数电等专业书籍,也有《红楼梦》《毛泽东传》等文学历史方面的书籍。"熊凯说,"在母校,我时常提醒自己,生活上要自理,管理上要自治,思想上要自我教育,学习上要高度自觉。特别要注意自学能力的培养,学会独立地支配学习时间,自觉地、主动地地学习。"他同寝室的室友李某说,经常看到熊凯在寝室自学焊接电路,学习怎样画原理图、怎样进行 PCB 板转换等。"担任学校护校队副大队长一职,锻炼了自己的领导和交流能力,对我现在做任何事来说当时的收获都是一笔财富,那样的经历让自己成长了许多。"熊凯自豪地说道。

善于创新,追求极致

正如老子所说,"天下大事,必作于细"。正是因为熊凯在工作中对每道工序、每个细节都凝神聚力、精益求精、追求极致,他才能获得成功。他先后担任过班组培训员、班组安全员、工班长、检修调度员等职位。2017年，通过层层选拔，熊凯担任了车辆电子电气工程师。当时，面对搭建故障测试平台难题，熊凯在领导的大力支持下，组织专业技术能力强且有电子方面特长的人员成立了电子检修工作室。电子检修工作室成立初期，工作人员少，工具和材料欠缺，他便经常利用下班时间去电子商场采购材料，并主动和厂家进行沟通协调，和他人一起动手完成工作。凭着着眼于细节的耐心、执着、坚持的精神，经过不断摸索、不断创新，电子检修工作室终于实现了某些电客车电气零部件维修，圆了大家的梦。

"地铁车辆车门在进行架修后要对车门进行500次开关门测试，如果用手去开关门作业则耗时长，而且人也会很辛苦。"面对这种情况，他自主设计了PLC控制列车多次开关门装置，可以实现地铁车门任意次数开门，安全高效，很实用。他感叹道，母校所学的所有课程都是非常有用的，如PLC控制课程，在学校感觉用不到，而在工作中真的太有用了。PLC控制等知识都是经学校老师上课讲解在学校学到的，然后运用到实际工作中来解决相关问题。他的同事说，"熊凯在工作中经常不断提出合理化建议，带领业务骨干利用备品备件自行主导完成多项技术改造，如针对某系统故障进行攻关，摸索出一套简单易行的技术路子，使工班人员均能熟练掌握该设备的维护方法。"

专心致志，以事其业

对目前在宁波地铁从事车辆架修工作、担任架大修车间电子电气工程师兼电气主管工程师、不甘平庸的熊凯来说，2016年的宁波市"首席工人"、2017年的"地铁匠人"等都是对他的肯定。面对如此多的荣誉，熊凯单纯的像个大男孩。"越努力，越幸运。"熊凯说。他愿意在平凡的岗位上，一门心思扎根下去，心无旁骛，不断积累优势，用匠心追逐自己的梦想。

工匠话匠心

"我愿意在平凡的岗位上，一门心思扎根下去，心无旁骛，不断积累优势，用匠心追逐自己的梦想。"

"三八红旗手"黄靖：咬定青山不放松

工匠简介

黄靖：湖南铁道职业技术学院铁道车辆专业2015届毕业生，现任南昌局集团公司福州动车段动车组诊断工程师；2015年获原南昌铁路局福州动车段职工技能竞赛CRH1型动车组全能第一名、"三八红旗手"等荣誉；2016年获原南昌铁路局振兴杯CRH1型动车组全能第一名，并被授予"三八红旗手"称号。

工匠绝学

在地勤机械师的检修过程中最为艰难的环节便是"水封装置清洁"。当时正值夏季，黄靖就这样穿着密不透风的防护服在36℃的高温下作业了40分钟，圆满完成了任务。

工匠成长经历

有这样一个女生，留着清爽的齐耳短发，脸上总是洋溢着爽朗大方的笑容，喜欢穿干净简洁的牛仔衬衫与运动裤。她就是湖南铁道职业技术学院铁道车辆专业2015届毕业生黄靖。

2017年4月，黄靖满载荣誉回到了母校，与学弟学妹们分享自己冠军之路的成功经验。黄靖现就业于南昌局集团公司福州动车段，担任动车组诊断工程师（兼任教员），是南昌局集团公司的第二名女机械师。

工作中的黄靖丝毫不逊色于男同胞。进入南昌公司工作仅三年，她就斩获了2015年原南昌铁路局福州动车段职业技能竞赛（CRH1A车型）全能第一名、2016原南昌铁路局福州动车段职业技能竞赛（CRH2A车型）全能第二名、2016年原南昌铁路局职业技能竞赛动车组机械师全能第三名、2016年福州动车段"三八红旗手"、2017年"江西省技术能手"、2017年"福建省五一巾帼标兵"、2017年"优秀共产党员"等多项荣誉称号。

目标清晰，规划合理

"虽然很难、很苦，但我不会放弃，我得踮起脚尖去做，我想做点不一样的事情……"

黄靖不仅着装像个男孩，她骨子里也透着一股男孩似的不服输的劲儿。在校期间，她曾担任班级学习委员与校学生会体育部副部长，她入校目标明确，把每天的日程都安排得满满当当的，清晨天不亮就起床去教室看书，拼命、努力地投入学习与学校的活动中。

为了提高学习成绩，她付出了极大的努力。除了日常的吃饭、睡觉，她几乎把自己所有的课余时间都投入专业学习当中，有学不懂的地方反复钻研，问同学、问老师、上网查询资料，尽一切努力来弥补自己在专业知识上的不足。

她还积极参与学校组织的各项活动，在学校举办的运动会中多次大放异彩，多次取得优秀成绩。她曾荣获2012—2013年度"国家励志奖学金"、2013—2014年度"国家级奖学金"、2013—2014年度校级"三好学生标兵"、湖南省2015届"优秀毕业生"、"湖南省百佳大学生党员"等称号。无论是在学业方面还是工作方面，她都尽最大的努力做到最好。2015年，凭借着优异的成绩，她成功地被南昌局集团公司录用。

全力备赛，虚心求学

"荣誉的背后需要更努力地训练，我从入职开始就认定了自己的职业方向，并且坚定了自己的目标。"刚刚开始工作的黄靖在自己的工作岗位上并不顺利，因为专业并不对口，她也曾因此感到紧张和不习惯。虽然她没有其他师傅那样雄厚的技术功底，但她仍决定去参加南昌局集团公司福州动车段职业技能竞赛（CRH1A车型）。在比赛前，她每天早上6:00就起床背书，到了晚上12:00仍坚持入库加练，把自己的全部精力都放在了技能的补足学习上。她还主动拜南昌局集团公司的第一名女机械师毛思源为师，每日骑车50分钟前往毛思源所在的小区去学习、备赛，经常学到凌晨才回家。

在毛思源的指导下，黄靖仅仅用了3个月的时间，凭借自己的坚持与在校积累的知识技能，加上自己持之以恒的努力与规划清晰的目标，成功地追上了所有人，甚至将他们甩在了身后。

2015年，她夺得了原南昌铁路局福州动车段职业技能竞赛（CRH1A车型）的桂冠，次年再次取得了原南昌铁路局福州动车段职业技能竞赛（CRH2A 车型）全能第二名的傲人成绩，让所有人都记住了这个很拼、很努力的女孩，并发自内心地赞叹："这个女子不简单。"每一份荣耀的背后，都是一步一个脚印堆积而成的努力，在之后的工作生涯中，她更是力压群雄，多次在各种技能竞赛取得了良好成绩。

巾帼豪气，好不简单

2016 年 3 月 28 日，即将下班的黄靖突然临危受命，立即加班抢修，才确保了动车的正点出库。"谁说女子不如男？我不仅可以做，我还可以做得比男生们更好！"铿锵有力的几句话，展示了黄靖巾帼不让须眉的气概。

在地勤机械师的检修过程中最为艰难的环节便是"水封装置清洁"。

这一环节要求地勤机械师穿着不透气的防护服去清洁动车组水箱中残留的废水，特别是夏天，连续 40 分钟的满负荷作业，一般的男职工都会被累趴下，但面对这项艰巨的任务黄靖却丝毫没有退却，身穿防护服就干了起来。当时正值夏季，黄靖就这样穿着密不透风的防护服在 36℃的高温下作业了 40 分钟，当她完成作业，汗流浃背地出来时，在场的所有人都由衷地对她竖起了大拇指。也就是那时起，人们记住了"黄靖"这一女中豪杰的名字。

黄靖始终都有着清晰且长远的目标，她不急不躁，从不幻想不切实际的事情，总是脚踏实地学习、做事，将自己要做的任何事都做到极致。

"支配战士行动的力量是信仰"，而支配黄靖行动的力量即是目标。她以咬定青山不放松的毅力和坚持不懈的精神获得了荣誉，她虚心求学、坚毅挺拔、顽强拼搏、自强不息，她就是名副其实向着目标前进的"女汉子"，着实值得让人学习和钦佩。

工匠话匠心

"虽然很难、很苦，但我不会放弃，我得踮起脚尖去做，我想做点不一样的事情……"

爱学习的朱立平：笃力前行 书写青春故事

工匠简介

朱立平：湖南铁道职业技术学院 2012 届毕业生，现任贵阳车辆段乘务车间北京队车辆乘务员；2019 年荣获中国铁路成都局集团有限公司（简称成都局集团公司）第九届客车职工职业技能竞赛决赛发电车项目第一名。

工匠绝学

朱立平对自我的追求不仅体现在职业技能竞赛上，还体现在"五小改造"工作中。他参与的"联轴器拆卸工具"、"发电车百叶窗的改造"和"柴油机水道胀塞拆装工具"等一系列机械绘图建模工作均获得了实效。

工匠成长经历

朱立平是贵阳车辆段乘务车间北京队的一名车辆乘务员，在 2019 年成都局集团公司第九届客车职工职业技能竞赛决赛中获得发电车项目第一名。

2012 年 7 月，朱立平从湖南铁道职业技术学院毕业，入段后被分配到列车空调维修班组，2014 年又被调到乘务车间成为一名发电车乘务员。在空调班组扎实掌握了列车空调和列车电路理论的朱立平对发电车并没有惧怕，而是将发电车的配件到工作原理图重新梳理，形成了自己的学习资料和工作方法。无论是在学校还是在空调维修班组，抑或是转到乘务车间，朱立平从未停止过学习，他在学习中找到了乐趣，并将这种乐趣作为学习的动力，还将学到的东西与实际工作相结合，真正做到了学以致用。这一切就如同他所说的："巩固学习成果最好的办法，就是在工作中经常运用所学的知识，这样，这些知识才不会被忘记并且能牢固掌握。"在从事发电车值乘工作时，虽然发电车的独立空间十分轰鸣，但朱立平仍然克服了困难，在发电车这小小的空间里坚持学习理论知识。

朱立平得知段里每年都举办技能竞赛以凝聚技能人才、培养青年工匠，乐于学习的他自然不会放过这个机会。2016 年，朱立平正式开始筹备并参加了技能比赛，这一次比赛让他认识到自己和其他人的差距，这次挫折不但没有让他知难而退，反而更激发了他的斗志。朱立平认识到闭门造车是搞不好技术的，掌握理论的同时更要学会运用。此后只要有空余时间，他便缠着师傅给他讲解现场知识，当自己收获新的体会和感悟时，也时时拿出来跟师兄弟们一起分享。在"引进来、走出去"这一学技术的过程，朱立平的理论和现场实践知识越发扎实。

是金子总会发光。2019 年，朱立平有幸通过了段里的层层选拔，当接到培训通知时，他的兴奋之情溢于言表。为了把握这次机会，在集训的一个月里，他几乎每一天都是汗流浃背，理论拓展、实作强化、体能锻炼等持续而紧密的训练让他感到快乐而充实。扎实的理论和实践积累，让朱立平在赛场发挥稳定，势如破竹，一举拿下了 2019 年成都局集团公司第九届客车职工职业技能竞赛决赛的发电车项目第一名。

朱立平对自我的追求不仅体现在职业技能竞赛上，还体现在"五小改造"工作中。他参与的"联轴器拆卸工具"、"发电车百叶窗的改造"和"柴油机水道胀塞拆装工具"等一系列机械绘图建模工作均获得了实效。无论在哪个平台上，朱立平始终坚持学习，他总是说："学习的过程让我接触到更多的技能知识，也拓宽了我的眼界，看着通过自己的创意和设计提高了工作效率，参与的成果能运用到段安全生产工作中，我也为之感到自豪。"

7 年时光转眼而逝，时光映射的是一个不断成长的朱立平，是他笃力前行书写精彩青春故事的浓墨一笔。

工匠话匠心

"巩固学习成果最好的办法，就是在工作中经常运用所学的知识，这样，这些知识才不会被忘记并且能牢固掌握。"

"检车状元"颜其：奋斗是青春最亮丽的底色

工匠简介

颜其：湖南铁道职业技术学院电气电测专业2013届毕业生，现任福州车辆段车辆乘务长；2017年第一次参加全国铁道行业职业技能大赛就获得第一名，并作为铁路系统最年轻的代表参加中国工会十七大；曾获"火车头奖章""福建省第十六届青年五四奖章"，以及"全国技术能手""全路技术能手""全路青年岗位能手"等荣誉。

工匠绝学

凭着吃苦耐劳的精神，加上一点就通的灵活头脑，颜其很快成为客车应急故障排查的一把好手，被大伙称为"活规章""电路通"。他摸索总结出"三必看、三必测"运用客车电器故障快速排查作业法。

工匠成长经历

2017 年金秋，北方名城哈尔滨风光旖旎。两年一度的全国铁道行业职业技能大赛在这里拉开战幕，各路英豪摩拳擦掌、一展身手。两天的激烈角逐后，谁也没有想到，夺得冠军的竟然是一位赛前的陪练——来自南昌局集团公司福州车辆段车辆乘务长颜其。这一年，颜其入路 4 年，刚满 23 岁。

入路两年当"兵头"：一年跑过十年路

2010 年，17 岁的颜其考入湖南铁道职业技术学院，学习电气电测专业。性格内敛的颜其是典型的"学霸"，大学三年成绩名列前茅，他专注专业技能学习，练就了一身扎实的基本功和培养了良好的个人素质技能。2013 年 7 月，19 岁的颜其进入南昌局集团公司福州车辆段工作。

福州车辆段是一个有着学技练功优良传统的单位，多次在南昌局集团公司、全路技能大赛中取得骄人成绩。在入路第一天的欢迎仪式上，颜其感受到了单位学技练功、岗位成才的浓厚氛围。尤其是段大院"星光大道"两旁的榜样事迹，令他心潮澎湃、情绪激昂。

激情过后便是平淡的工作。年轻的颜其不知不觉陷入"打发日子"的蹉跎时光，梦想似乎渐行渐远。真正给他强烈冲击、奋进力量的是一次工作失误。

"检车状元"颜其：奋斗是青春最亮丽的底色

2014年夏天，颜其初次值乘旅客列车时，列车空调突发故障造成车厢内闷热。颜其由于业务不熟，处理故障不及时，受到了旅客投诉。这次工作失误令他无地自容，并深刻认识到"工人就得学技术，就得有本事，没有技能就是失职"。

他的师傅吴剑及时找他谈心，谈人生，也谈职业规划，帮助他认识到：要想成才，只有"华山一条路"——学技练功！

"我要比，我能赢！"有着强烈自尊心的颜其从此真正觉醒，并立下了奋斗誓言。

知耻而后勇。从那以后，颜其无论是在值乘途中还是休息时间，都随身携带14张不同设备型号的客车电器电路图，只要闲下来就会不停地看、不停地琢磨。工余时间，他经常黏着技术娴熟、经验丰富的师傅学习疑难故障处理技术。他的近20本乘务员手账上密密麻麻地记满了各类空调制冷、车电设备等方面的故障处理技巧。

车辆检修是个体力活。为了提高身体素质，颜其坚持每天早上跑步5公里，风雨无阻。凭着吃苦耐劳的精神，加上一点就通的灵活头脑，颜其很快成为客车应急故障排查的一把好手，被大伙称为"活规章""电路通"。

他摸索总结出"三必看、三必测"运用客车电器故障快速排查作业法，主要内容是"关键点必看、易发点必看、动作点必看，连接点必测、安全点必测、作用点必测"。此作业法在全公司得到推广应用，受到好评。

一次值乘巡检中，颜其发现列车突然出现全列绝缘不良的状况。他迅速研判故障原因，并果断进行负载隔离处理，成功消除了一起火灾安全隐患，受到全段通报嘉奖。

2015 年 11 月，颜其凭借过硬的技术本领，成功竞聘成为车辆乘务长，当上工班"领头羊"。一般情况下，要成为一名车辆乘务长，至少需要 10 年左右的历练，而颜其仅用了 2 年时间，成为当时南昌局集团公司最年轻的客车车辆乘务长。

入路 4 年当状元："黑马"有路勤为径

"乘务长，司机报告列车制动漏泄超标！"2019 年 2 月 11 日凌晨，睡梦中的颜其突然被车辆乘务员张周伟叫醒。

颜其马上起身，习惯性地看一下时间——3:05。他们值乘的成都开往福州的 K390 次列车此时正停靠在襄阳东站。

这趟列车单程运行近 40 个小时，是南昌局集团公司运行时间最长的旅客列车之一。普速列车车底老化、车辆故障率较高，加之始发和终到作业都是凌晨，确保客车设施设备质量难度很大。因为颜其技术全面、业务精湛，派他值乘这趟"老爷车"，领导踏实放心。

颜其和张周伟立即开始检查漏泄具体位置。由于是深夜，视线不好，他们只能凭感觉分段查找漏泄部位。10 分钟后，颜其发现一节硬卧车厢的一处电磁排风阀漏泄较大，另外一节硬座车厢也存在漏泄现象。

漏泄位置找准了，处理故障对于颜其来说是小菜一碟。4 时 07 分，故障排除完毕的 K390 次列车从襄阳东站欢快起程。

2017 年 7 月，颜其幸运入选了南昌局集团公司备战全路技能竞赛的 4

人集训名单，开始封闭集训。经过2个月魔鬼般高强度训练后，通过两轮淘汰，最终4名集训队员中只有2名能代表南昌局集团公司参加全国铁道行业职业技能大赛。

起初，颜其在大家眼中是一名"陪练"。然而，肯学爱钻的颜其决心好好利用这次机会提升自己的业务素质。

集训期间正值盛夏，集训基地酷热难耐。教练团队告诉他们，只有训练比别人多流汗，在竞赛中才可能取得好成绩。

白天，颜其和其他3名队员苦练操作。汗水让他们的训练服每次都湿得能拧出水。在这样的高温环境中，训练服湿了干、干了又湿，衣服上沉积了厚厚一层盐渍。按照训练计划，实作每人每天练4次，而颜其总要给自己"加餐"，等别人走了，自己悄悄再练一次。

客车单车检查项目在没有地沟的平地上训练，只能半蹲着钻进钻出，一次完整作业要半蹲20多分钟。师傅悄悄给颜其买来护膝，让他备感温暖。师傅点拨他，可以改用单膝跪代替半蹲，会省力许多。

每天22时过后，大家都休息了，颜其却拿起理论资料继续学习。

第二天早上醒来，颜其发现床前地上到处散落着自己的头发。望着地上的头发，他想起了一句诗"朝如青丝暮成雪"。他淡淡一笑，感叹时光之刀如此锋利，青春韶华很快不再。这时，他又想起了另外一句话"人生能有几回搏"，下决心"只要能提高业务技能，哪怕头发掉光也在所不惜"。

在集训的2个月时间里，靠着敢拼敢闯的精神，颜其将老师傅们沿袭多年的、传统的连击两锤判断故障方式改为"一锤定音"。这一创新为单车检查项目节省了 4 分钟的宝贵时间。

教练组根据 4 个人集训中的历次考试成绩和综合表现，最终确定颜其和詹明澄胜出，获得参加全国铁道行业职业技能大赛的资格。

在全国铁道行业职业技能大赛赛场上，颜其初生牛犊不怕虎，凭借稳定的发挥，一路过关斩将，最终站上了最高领奖台，荣获客车检车员竞赛项目的"检车状元"，成为南昌局集团公司最年轻的"全国技术能手"。

入路 5 年当代表：奋斗精神有传人

凌晨时分，列车飞驰在原野，旅客们随着列车的哐当声进入了梦乡。车厢里，一个年轻的身影轻轻地走来，他一会儿停在列车电气控制柜前查看运行数据，一会儿看看车门锁闭情况，也看看消防设施和防火情况，顺便提醒一下在车厢连接处吸烟的旅客"烟头一定要熄灭后放在烟灰缸内"……这就是刚从赛场回到岗位的颜其。

年轻的颜其一战成名。他也因此成了段、车间的"宝贝疙瘩"——车间推行颜其标准、叫响颜其精神、树立颜其榜样，大大激发了周围职工岗位建功的热情。

如何实现人才成长加速度？

回到车间，颜其担任起了兼职教师。通过言传身教，加上榜样的力量，教学效果特别好。应急演练时，车间把新入路青工安排到颜其所在的班组，让张州伟等好苗子轮流跟他搭班。初为人师的颜其牺牲大量休息时间，将平常容易出现又比较难处理的故障列为专项训练课题，并通过"故障 110"、微信交流群、技术讲堂等平台，毫无保留地把自己摸索出来的经验分享给大家，使身边工友的业务技能有了很大的提升。颜其指导过的班组成员在车间及段技能鉴定中，多次取得"零故障"的优异成绩。他所带领的班组还当选为南昌局集团公司青年示范安全岗。他所在的乘务车间严格执标已蔚然成风，报考高级工、技师的人数更是比往年多了许多。

荣誉接踵而来。2018年9月，颜其当选为共青团中国铁路南昌局集团有限公司第一届委员会常委。接着，他又荣获"福建省第十六届青年五四奖章"。2018年10月，颜其光荣当选为中国工会十七大代表，走进北京人民大会堂，近距离感受党和国家领导人的亲切关怀。

"时不我待建功名，人生拼搏当少年。"颜其坚信幸福是奋斗出来的，他用奋斗者的豪迈、铁路青年一代的蓬勃朝气诠释着新时代产业工人的精神内涵。

工匠话匠心

"时不我待建功名，人生拼搏当少年。""只要能提高业务技能，哪怕头发掉光也在所不惜。"

"急诊女医生"刘璐：专给高铁"治病"的"95后"

工匠简介

刘璐：湖南铁道职业技术学院 2018 届毕业生，现任南京动车段南京南动车运用所动车组机械师；在 2021 年 9 月中国铁路上海局集团有限公司车辆系统动车组机械师职业技能竞赛中，取得了个人全能第五名的好成绩。

工匠绝学

在刘璐来之前，南京动车段南京南动车运用所动车组检修岗位上清一色都是男机械师，刘璐是这里的第一个女机械师。而且，由于技术精湛，她从众多机械师中脱颖而出，成为一名诊断工程师。

工匠成长经历

白皙的皮肤，蓬松的长发，难掩"95后"女孩刘璐的英气和干练。她是南京动车段南京南动车运用所的一名诊断工程师，能文能武，既能给高铁列车"体检治病"，又习得一手好书法。2018年，从湖南铁道职业技术学院毕业后，刘璐就进入了南京动车段，成为一名动车组机械师。在2021年9月中国铁路上海局集团有限公司车辆系统动车组机械师职业技能竞赛中，她取得了个人全能第五名的好成绩。"我还能做得更好"是她的获奖感受。

优秀：单位里的第一个女机械师，还升级为诊断工程师

2021年11月5日，在南京动车段南京南动车运用所，笔者见到了刘璐，1.73米的高个儿，一身深蓝色的工作服。她不仅是一个漂亮的女孩，还是一个让男同事都钦佩的技术能手。原来，在刘璐来之前，南京动车段南京南动车运用所动车组检修岗位上清一色都是男机械师，刘璐是这里的第一个女机械师。而且，由于技术精湛，她从众多机械师中脱颖而出，成为一名诊断工程师。

如今，她的工作任务主要是对动车组进行加装改造和源头质量整治，并负责质量卡控。具体需要做什么呢？刘璐解释："列车在运行过程中，通过不断观察测试，对于一些不太合适的小部件，需要变更、改造一下，以便更好地适应列车运行，给旅客们带来更舒适、安全的乘坐体验。"

在动车组检修库内，刘璐领着笔者参观。看到同事正在拆车灯，刘璐边走边说："车灯很重要，就像列车的两个眼睛，当列车向前开时，前端的两

个眼睛是白色的，后端的两个眼睛就是红色的。如果车灯出了问题，列车就不能上线运行。"提及高铁，她有说不完的话。

好学：进单位比她早的都是她师傅，不懂就拉着师傅学

南京动车段南京南动车运用所，相当于动车 4S 店，通俗点说，机械师就是给动车治病的"医生"，而选拔出的诊断工程师，负责随时处置动车组的"疑难杂症"，相当于"急诊医生"。笔者了解到，一般成长为一名诊断工程师大约需要五六年，而刘璐仅用了三年多就做到了。这跟她的勤奋好学分不开。

在单位里，刘璐微笑着与路过的机械师打招呼，"王师傅""邓师傅"都是年纪轻轻的"90 后"，但是刘璐这样称呼他们已经好多年了。原来，凡是比刘璐进单位早的，都是她的师傅。"有不懂的，我就拉着师傅们学。"刘璐告诉笔者，她能迅速成长起来，离不开她身边的那群"金牌"师傅们。从班组里的作业组长、工长，到"全路技术能手"汤剑、"火车头奖章获得者"汪奕、"全国铁路劳模"陈美平等，都是她经常求教的对象。

刘璐坦言，刚开始接触这份工作的时候，她总害怕自己做不好。尤其是刚接触技能竞赛时，有一次测验没考好，她的心情很低落。她说："汤剑师傅请我吃饭，一边吃一边开导我。我清楚地记得，他说'测验只代表你一小段时期的水平，并不代表你以后也是这个水平，要用平常心来对待'，这让我的心情平复了许多，很快恢复了集训状态。"还有一次，她一步步排查故障，但到了下一步时，总会回想前面的步骤。她的单车检查教练葛峋成告诉她："前面没发现故障就是没有故障，要相信自己，不要总想着前面的步骤，这样会打乱节奏，影响进度。"

对于师傅们的经验和教诲，刘璐铭记在心。"个人全能第五名"的好成绩背后是无数次的磨炼与汗水。她说："没想到自己能拿到这个名次，真的特别惊喜，后面更有兴趣也更有信心做好这份工作了。"

缘分：从小生活在铁路边，长大捧上"铁"饭碗

刘璐向笔者演示了她平时的工作状态。只见她走路带风，检查非常迅速，笔者都来不及拍摄，她就已经完成了一连串的检查动作。没办法，笔者只得请她放缓速度再演示一遍。原来，在日常训练中，14个故障要在24分钟内排查完，这样严格的要求练就了刘璐干练的工作作风。不一会儿，她的手上已满是油污，脸上满是汗珠。身为女孩，为何会选择这份工作呢？

刘璐坦言，自己出生"铁路世家"，从爷爷奶奶那辈开始，许多亲人都在铁路系统工作。选择这份职业，刘璐也或多或少受到了家人的影响。刘璐说："我从小就在铁路边长大。其实父亲是不太希望我从事铁路工作的，主要是他不希望我一个女孩子这么辛苦。"但是在刘璐的妈妈看来，铁路发展前景广阔，工作稳定又有意义。刘璐自己也很期待这份工作带来的机遇与挑战。

经过3年的成长，如今，看到女儿成为一名出色的诊断工程师，父母都为她骄傲。刘璐告诉笔者，每天许多乘客坐着自己检修过的高铁回家，看到乘客们安心舒适，自己很有成就感。刘璐还说："我自己也通勤回家，坐着自己检修过的车，很骄傲。尤其是看着列车开过自己的家乡徐州新沂，平稳安全，大家都很放心，心中满满都是自豪感。"

工作之余，刘璐喜欢学习书法。她说："小时候跟邻居爷爷学了两年运笔，对书法很感兴趣，后来一直练着。"有了这一特长，刘璐在大家眼中成了一个刚柔并济的女孩。

工匠话匠心

"工匠精神的价值在于精益求精,对匠心精品的坚持和追求,专业、专注、一丝不苟且孜孜不倦,在传承中创新,在坚持中升华,化腐朽为神奇,于细微处彰显卓越。"

全能冠军刘理：积跬步以至千里

工匠简介

刘理：湖南铁道职业技术学院2016届毕业生，现任广州动车段动车组机械师；2019年参加广铁集团公司 CR400AF 复兴号项目技能竞赛，夺得该项目的全能第一名，并在2020年中国国家铁路集团有限公司举办的动车组机械师决赛中取得 CR400AF 项目全能第二的好成绩，获得"广铁技术能手""集团公司劳动模范"等荣誉称号。

工匠绝学

刘理从刚入路的技术"菜鸟"到掌握专业技术，成为动车组检修运用中独当一面的行家里手，付出了比常人更多的努力和汗水，成为广州动车段年轻动车组机械师群体中的佼佼者。

工匠成长经历

刘理，广州动车段动车组机械师，"90后"，毕业于湖南铁道职业技术学院，在校期间各方面表现优异，经考察培养加入中国共产党。

2016年，刘理来到广州动车段，以百倍的热情投入技术攻关工作中，曾荣获"广铁技术能手""集团公司劳动模范"等荣誉称号。

多年来，刘理从刚入路的技术"菜鸟"到掌握专业技术，成为动车组检修运用中独当一面的行家里手，付出了比常人更多的努力和汗水，成为广州动车段年轻动车组机械师群体中的佼佼者。

刚被分配到广州动车段广州南动车所见习时，刘理为把所学的知识点和现场检修迅速结合起来，除了上班时跟着师傅学，下班还主动自己钻研作业指导书、技术手册等。遇到难点，他经常向师傅讨教，到车上对照摸索。他说："不积跬步，无以至千里；不积小流，无以成江海。"

正是经过点滴的积累，他迅速掌握了动车组机械师的知识技能。2017年3季度，所里新配属了"复兴号"动车组，需要增加专门的检修力量，他主动报名，担当重任。

"复兴号"是具有完全自主知识产权的新型动车组。刘理为了更好地掌握它的检修技术，决定参加技能竞赛，通过与高手"过招"进一步提升业务能力。

成功总是眷顾努力的人。

2018 年，刘理首次参加广州动车段技能竞赛，积累了一定经验。2019 年，他再次出战，参加 CR400AF 复兴号项目技能竞赛。凭着 3000 多个小时的专项攻关、熟记几百张电路图的底气，刘理一路过关斩将，最终夺得广铁集团公司该项目的全能第一名，并在 2020 年中国国家铁路集团有限公司举办的动车组机械师决赛中取得 CR400AF 项目全能第二的好成绩。

"刘理很能吃苦，技能训练的时候，每天都要换下几身汗湿的衣服，但他坚持了下来，还夺得了名次……他之前负责动车组旅客信息系统数据维护，现在负责高压牵引系统检修等业务，从来没有出过任何纰漏。同事们对他的评价也很好。"广州南动车所党总支书记林涛说。

动车组入库大多在晚上，由于检修时间紧，对于处理厕所专用阀等作业时间长的故障，刘理会主动到现场帮忙解决。

他说："为出行旅客提供舒适的乘车体验是我的工作，脏一点、累一点也值得。"

工匠话匠心

"为出行旅客提供舒适的乘车体验是我的工作，脏一点、累一点也值得。"

任劳任怨的宋云武：用行动抓住每一次提升的机会

工匠简介

宋云武：湖南铁道职业技术学院 2014 届毕业生，现任广州动车段检修车间调试组调试员；相继于 2018 年和 2019 年获得广铁集团公司车辆系统职业技能竞赛动车组机械师（高级修）"理论第一名"，并获得 2020 年广铁集团公司车辆系统职业技能竞赛动车组机械师（检修）"全能第一名"；荣获"集团公司青年岗位能手""广铁技术能手""全国铁路青年岗位能手"等称号。

工匠绝学

面对复杂的检修工艺和陌生的工作环境，宋云武通过上下班、夜间休息时间，积极主动学习新知识，翻阅专业书籍、相关规范及查阅资料，熟悉并掌握相关技能，于2016年在车间级技能竞赛中获得了CRH1型车"全能第一名"的好成绩。

工匠成长经历

"不读书则愚、不思考则浅、不多练则生，我将不断奋进，勇攀高峰……"这是宋云武的人生信条。他从湖南铁道职业技术学院毕业后，于2014年7月入职广州动车段，现任广州动车段检修车间调试组调试员。他曾在2019年荣获"集团公司青年岗位能手""广州动车段优秀共青团员"称号；在2020年获得"集团公司青年岗位能手""广铁技术能手""全国铁路青年岗位能手"等称号。

学无止境积极主动

2015年8月检修车间班组调整，宋云武从制动卫生组调入总装四组。面对复杂的检修工艺和陌生的工作环境，他通过上下班、夜间休息时间，积极主动学习新知识，翻阅专业书籍、相关规范及查阅资料熟悉并掌握相关技能，于2016年在车间级技能竞赛中获得了CRH1型车"全能第一名"的的成绩。"学习的敌人是自己的满足，要认真学习一点东西，必须从不自满开始！"他坚定地认为这是一个新目标的起点。他相信只有继续学习、深耕专业技能，才能在检修的道路上走得更远、更好，脚步才能踩得更加沉稳。经过坚持不懈的努力，宋云武在2017年车间级技能竞赛中获CRH3型车"全能第一名"。

一心一意抓学习、抢字当头干工作、聚精会神练业务，真正做到学习在岗、成长在岗。只有在学习和实践的道路上不断奔跑、满怀激情、兢兢业业，才能勇于超越昨天的自己。自参加工作以来，宋云武珍惜每一次提升自己的机会。宋云武表示，正是由于一次次的自我突破才能成就今天的自己，展望未来，还有很长的路要走，自己将继续奋勇前行。

履职尽责拼搏奉献

2017 年，宋云武还参加了段级技能竞赛。在比赛的过程中他沉着冷静地完成了每一项比赛内容，取得 2017 年广州动车段动车组机械师（车体）职业技能竞赛"全能第一名"的好成绩。他的刻苦努力得到了车间同事的充分认可。

2018 年 4 月，宋云武进入检修车间调试组工作。在调试组工作期间，他任劳任怨，自愿放弃休假主动加班，努力完成班组各项工作，为同事树立了良好榜样。他相继获得 2018 年广铁集团公司车辆系统职业技能竞赛动车组机械师（高级修）"理论第一名"、2019 年广铁集团公司车辆系统职业技能竞赛动车组机械师（高级修）"理论第一名"、2020 年广铁集团公司车辆系统职业技能竞赛动车组机械师（检修）"全能第一名"的优异成绩。他实事求是、踏实肯干的作风也获得大家的一致好评。他于 2019 年被评为广州动车段优秀共青团员；2019、2020 连续两年获"集团公司青年岗位能手"称号；2020 年获"全国铁路青年岗位能手"称号。

不管岗位如何变化，宋云武始终保持着年轻人的活力和拼劲，牢记铁路青年的初心和使命，在本职岗位上履职尽责、刻苦钻研、拼搏奉献，用汗水和努力去实现梦想，成就更好的自己，收获更美好的明天。

工匠话匠心

"不读书则愚、不思考则浅、不多练则生，我将不断奋进，勇攀高峰……"
"学习的敌人是自己的满足，要认真学习一点东西，必须从不自满开始！"

"全路技术能手"肖嘉：事之所起 一往而深

工匠简介

肖嘉：湖南铁道职业技术学院数控维修 092 班毕业生，现任南昌局集团公司南昌南车辆段九江西运用车间检修班组副工长；先后获得第十五届南昌铁路职业技能竞赛（车辆赛区）第一名、2019 年中国国家铁路集团有限公司铁路货车运用职业技能竞赛货车检车员团体一等奖、中国国家铁路集团有限公司团体二等奖、货车检车员个人全能三等奖、货车检车员理论三等奖；获得中国国家铁路集团有限公司货车运用职业技能竞赛"全路技术能手"、"全国铁路青年岗位能手"、"江西省五一劳动奖章"、南昌局集团公司"尼红式青年"等荣誉称号。

工匠绝学

自 2013 年定岗以来，肖嘉先后发现车钩钩尾框后丛板铆钉折断、交叉杆下盖板弯曲、车钩裂纹等重点故障达 40 余起，及时消除了列车安全隐患，确保了列车安全正点运行。

工匠成长经历

"致我亲爱的母校，愿您如东方的太阳绽放耀眼的光芒；如浩瀚大海的惊涛骇浪，勇往直前。"一番简单的话语，出自学校 2012 届毕业生肖嘉之口，其中饱含了毕业多年未能"归家"的学子对于母校的深切挂念。

肖嘉，2009 年就读于湖南铁道职业技术学院机电系（现"制造学院"）数控维修 092 班，目前就职于南昌局集团公司南昌南车辆段九江西运用车间，从事铁路货车车辆检修工作，任班组副工长。

凭借扎实的基础、过硬的技术，肖嘉在 2019 年度先后获得第十五届南昌铁路职业技能竞赛（车辆赛区）第一名、2019 年中国国家铁路集团有限公司铁路货车运用职业技能竞赛货车检车员团体一等奖、中国国家铁路集团有限公司团体二等奖、货车检车员个人全能三等奖、货车检车员理论三等奖；先后获得中国国家铁路集团有限公司货车运用职业技能竞赛"全路技术能手"、"全国铁路青年岗位能手"、"江西省五一劳动奖章"、南昌局集团公司"尼红式青年"等荣誉称号。

缘起：铁路线上的独家记忆

远在高考之前，肖嘉就时常听家人和邻居说关于铁路的故事，一件件扣人心弦的事情、一个个鲜活的人物，早已将他的思绪牵引至蜿蜒的铁轨旁。自此，报考铁路大学、成为铁路职工的想法在他心中生根发芽。高考填报志愿时，多方搜集，几经对比，他最终选择来到湖南铁道职业技术学院，开启了他的"铁路梦"。

求学期间,教学、图书馆、实训室总是能见到肖嘉忙碌的身影。"尤其是学校的车工、钳工实训,以及老师一对一指导教学带给我极大的兴趣,我的动手操作能力也得到了极大的提高,对我现在的工作、学习有很大的帮助,让我受益匪浅。"提及自己的校园生活,肖嘉陷入了幸福的回忆当中……他还是班级的宣传委员、学校吉他协会会长,一扫别人眼中"书呆子"的形象。

"他戴着一副眼镜,是一个高高瘦瘦的、活泼开朗的阳光男孩。"即便肖嘉已经毕业近八年,但一提起他,当时的辅导员沈铁敏依旧记得初见他的场景,"现在想想都感觉是恍若昨日,肖嘉在校期间学习十分勤奋、刻苦,与人为善,是一个十分扎实的学生;学习之余,他更是积极参加各种活动,获得'江西省五一劳动奖章'与他在校求学的经历,以及在工作中的表现是密不可分的,实至名归。"回想起这位优秀学生,沈铁敏露出欣慰的笑容。

正是由于肖嘉对自己的高标准、严要求,在校期间,他先后获得优秀共青团干部、优秀学生干部等荣誉称号,更是拿下2009—2010学年度国家励志奖学金。在思想上,他也从未懈怠。大一入校,他就向党组织递交了入党申请书,积极向党组织靠拢,毕业离校前他已是一名预备党员,在参加工作的第一年便在单位成为一名正式党员。

不怠:老茧是他的"军功章"

2012年,肖嘉从学校毕业后,被分配至南昌局集团公司南昌南车辆段九江西运用车间从事货车检车员工作。刚到车间不久,车间就邀请"全国劳模"、车间副主任刘发根同志与新职工分享了自己的成长、成才经历。在听了刘发根同志的事迹后,肖嘉在心底就暗暗下定决心,要以刘发根同志为学习榜样，争取在平凡的岗位中干出不平凡的成绩。

在参加车辆段组织的新职工入路教育，以及段三级安全教育、岗前专业知识培训、岗前实作技能培训时，肖嘉从不迟到、早退，并且每天提前十分钟到达学习、培训地点。他对专业理论不放松，刻苦钻研新技术，熟记《货车检车员》《铁路货车运用规程》等规章制度及专业书籍，每天学习业务知识已经成为他的必修课。在参加实践操作培训时，他认真聆听师傅讲解车辆每个部件的名称和作用，并迅速熟悉车辆的每一个部件；在更换车辆配件实际操作中，他不怕苦、不怕累、不怕脏，反复练习，只为做到更快、更熟练地更换车辆配件。在参加车辆段的快速修集训时，他更是达到废寝忘食的地步，每天5点起床，常常在晚上12点以后才睡觉，基本书不离手。在实作训练中，他更是充当了教练的"小跟班"，不放弃任何请教的机会，直到心中有了答案才肯罢休。双手的老茧见证了他一路成长的艰辛，那是属于他的"军功章"。

肖嘉说："我现在依旧记得，有一次在现场车辆排完风后，制动缸活塞不动作、不缩回，当时想尽了办法，就是没用，后面工长叫我关闭另一端的折角塞门，在另一端制动软管吹风进去，果然起作用了。"这件事情对肖嘉的触动很大，也促使他不断学习，以攻克自己的技术薄弱环节。

护航：列检就是车辆的"大夫"

春运对于大多数人来说，意味着归家、团圆，但在肖嘉的眼中，春运意味着坚守与护航。2021年1月10日，春运首日，江西九江飘洒着雨水，最低气温已达2℃，肖嘉工作的车间位于九江市濂溪区178县道附近，这里处于长江风口，一到冬天就寒风习习，风刮到脸上像刀割一样，再加上下雨，这对于车间的现场检车员来说无疑是"雪上加霜"。每天 7 点 40 分，肖嘉准时开启了一天繁忙的工作，等待列车进站、检查车辆部件、标记车辆故障、处理故障、纪录故障信息……"一个班值下来，腰酸腿疼，特别是晚班，要补睡整整一个白天的觉才能恢复过来，中午饭都省了，挺累！"肖嘉苦笑道。

2020 年春运不是肖嘉工作的第一个春运，但必然是印象最深的一个。春运开始几天后，新冠肺炎疫情爆发，这个春运变得"不一般"。为保障疫情防控期间居民用电取暖，以及企业复工复产的用电需求，中国铁路南昌局集团有限公司深入企业调研、积极组织协调，努力做好江西煤炭储备中心的电煤装车运输工作。从江西煤炭储备中心装载电煤的货物列车，在京九线上途经的第一个列车技术检查作业场就是肖嘉所在的九江西运用车间下行作业场。

"45029 次货车 8 道到达 47 辆，南头 1、2 号，北头 5、6 号作业。"听到值班员的检车作业计划后，肖嘉迅速整理好检车工具，奔赴他的战场……肖嘉面朝列车驶进方向笔直地站立着，准备迎接全列车厢装满电煤的 45029 次货物列车进站。当火车机头越过他身旁，他就变换姿势面朝列车方向呈 45°半蹲，双眼紧盯着车辆底部配件，竖起耳朵听车轮滚动时发出的声音，在接车过程中对列车质量进行"初诊"。当列车停稳在轨道旁，跨轨、探身、俯看……只见肖嘉有条不紊地执行技术标准，时不时掏出手账记录，并在车辆故障部位做出标识，在不到 30 分钟的作业时间内，他顺利完成了技术检查及三块闸瓦故障的更换作业。

春运与疫情的双重叠加，让车间变得更加忙碌。虽然春运已经结束，疫情得到缓解，但伴随着企业陆续复工复产、农耕、疫情防控等物资的运输，车间的检修任务不减半分。

"全路技术能手"肖嘉：事之所起 一往而深

据悉，为了确保列车车辆运行安全，按标准化作业过程，检车员每检查一辆车就要执行"两跨一俯两探"检查 5 次车底。如果按照一个作业组每班检修 20 趟列车来估算，像"弯腰，钻进车底，弯腰，再钻进车底"这样的动作，肖嘉每值一个班就要重复 2000 多次。作业一趟列车，检车员需要走行近千米，一个班值下来就要走行 20 多公里。

"检车员就是车辆的'大夫'，只有对工作保持认真的态度和强烈的责任感，其所检修的车辆才有安全保障。干这份工作虽然辛苦，但看到自己检修的列车能够在铁道线上安全运行，我感到很自豪！"肖嘉高兴地说道。

自 2013 年定岗以来，肖嘉先后发现车钩钩尾框后丛板铆钉折断、交叉杆下盖板弯曲、车钩裂纹等重点故障达 40 余起，及时消除了列车安全隐患，确保了列车安全正点运行。

事之所起，一往而深。年少时期对于铁路的热爱，成全了肖嘉对于自己事业的执着，八年如一日的坚守，让他在铁路线上越走越远、越走越好。干一行、爱一行、专一行、精一行，是对他工作的真实写照。

工匠话匠心

"检车员就是车辆的'大夫'，只有对工作保持认真的态度和强烈的责任感，其所检修的车辆才有安全保障。干这份工作虽然辛苦，但看到自己检修的列车能够在铁道线上安全运行，我感到很自豪！"

第二篇

精益求精

  精益求精：精，完美；益，更加；求，追求。这个词出自《论语·学而》："治玉石者，既琢之而复磨之，治之已精，而益求其精也。"精益求精，即事物已经非常出色了，却还要追求更加完美，好了还求更好。精益求精作为工匠精神的客观标准，是提高劳动者整体素质的内在要求。"干一行，专一行"的精益求精精神是新时代能工巧匠的匠艺追求，是其必须具备和弘扬的"崇高精神和高尚品格"。精益求精是实现工匠技艺升华，不断练就工匠绝技的必然路径。从事任何劳动，都必须"干一行、爱一行、钻一行"，在平凡的岗位打造非凡人生[1]。

  始终秉承着做一件事就要做好、做到极致这一理念的"全国五一劳动奖章获得者"谢光明，把自己制造的机车当成艺术品，把排除疑难故障当成特别的乐趣，享受着工作带来的成就感。做任何事都要拼尽全力的"全国铁路技术能手"刘鹏，在学校时哪怕按照电路图简单接个线，也要求自己不仅要方法正确，而且要接线美观。作为一名现场技术改善专员的肖乾亮，在解决现场技术难题时，始终要求自己耐得住寂寞，不急于求成，努力把工作做到最细，不断创造工作效益。还有车间最年轻的工班长何宪、追求把产品做成精品和艺术品的"高铁工匠"刘少杰、四年磨一剑的彭英杰、"全路技术能手"熊轶、严谨踏实的中国中车优秀裁判长姜志胜、"检修匠士"周勇、坚持把基础性工作做深做透的"全国五一劳动奖章"获得者张伟，他们都力求把控和精心做好工作中的每一个细节，将力求完美逐步内化为一种态度和信仰。

---

[1] 卢亚利.习近平关于工匠精神重要论述的精髓要义与时代价值[J].中共南宁市委党校学报，2021（6）：21-26.

"全国五一劳动奖章"获得者谢光明：
用平凡铸就非凡，以匠心点亮人生

工匠简介

谢光明：湖南铁道职业技术学院电力牵引与传动控制专业 2000 届毕业生，现任中车株洲电力机车有限公司（简称中车株机公司）机车事业部电气装修工；连续六年获得中车株机公司技术攻关一等奖，先后获得"中国中车高铁工匠""中国中车资深技能专家"等荣誉称号；2018 年被授予"全国五一劳动奖章"。

"全国五一劳动奖章"获得者谢光明：用平凡铸就非凡，以匠心点亮人生

工匠绝学

谢光明连续 6 年获得公司技术攻关一等奖，主持或参与技术攻关 10 余项，提升工作效率、减少工时 8000 余小时，降低成本 500 余万元。他发明的先进操作法在中国中车的城轨、磁悬浮、新能源等多个产业中得到推广运用。

工匠成长经历

从门外汉到高铁工匠，由普通员工成长为中车集团劳动模范，他被尊称为"火车医生"，用一颗匠心逐步实现了"大国工匠"梦。

他就是谢光明。他是湖南铁道职业技术学院"高电牵"971 班毕业生，也是该校升格为高职院校后的第一届毕业生，目前在中车株机公司机车事业部担任铁路机车电气装修工。

近年来，谢光明连续六年获得了中车株机公司技术攻关一等奖，先后获得了"中国中车高铁工匠""中国中车资深技能专家"等荣誉称号。2018 年 4 月 28 日上午，在湖南省庆祝"五一"国际劳动节暨表彰劳模和优秀工匠大会上，谢光明被授予"全国五一劳动奖章"并被邀请做典型发言。

要有真本事，须下苦功夫

1988 年，16 岁的谢光明进入株洲电力机车工厂技工学校学习。在校期间，他 60%的时间在学校学习理论，40%的时间到株洲电力机车工厂相应岗位跟随师傅进行一对一学习，完成学校下发的技能学习任务。

1991 年，谢光明毕业后，以优异的成绩进入了工厂工作，成为一名机床工，从事机床操作工作。在工作期间，谢光明发现现有的理论基础不能完全满足实际工作的需要，"没有金刚钻，就真的揽不了瓷器活"，谢光明认定，要有真本事，须下苦功夫，必须回到学校课堂提升自己的知识水平。

1997年7月，经过招生考试，谢光明顺利考入了铁道部工业职工大学（湖南铁道职业技术学院前身）进行脱产学习，走进了"电力牵引与传动控制"专业的课堂。再次进入学校深造，谢光明说他是带着很强的学习目的和问题导向来学习的，"在工厂里遇到的难题，我都会带到课堂上向老师请教，直到弄懂为止"。

张琳是谢光明的专业课老师。她很严格，前一天传授过的知识，第二天就要求学生必须在课堂上一个一个展示过关。天生骨子里就有股钻研劲的谢光明在心里默默地告诉自己："我必须过关，绝对不能上台丢脸……"就是这样一种严格的督促和学习方式，让谢光明不断在专业上刻苦钻研，为之后的工作打下了扎实的专业基础。

"我最基础的知识都是在学校学习的，尤其是系统知识的延伸学习，对我影响很深。姚和芳教授当年给我上课的内容，到现在我还会拿出来教给我的学生。"谢光明说，正是由于在学校学习到的扎实的理论知识和培养的全面的技能素质，才使自己在现在的工作岗位上，练就了创造性思维和发现问题的能力。

在校学习期间，谢光明还报名参加了株洲电力机车工厂技术比武，并一举夺得第一名，获得了人生中第一个"技术能手"的称号。那一年，谢光明只有25岁。能在一个近万人的大厂拿冠军，那种成就感和自豪感无法描述，这更加坚定了他走技术人才之路的决心。这次经历给了他很大的鼓励，点燃了他钻研技术的热情，坚定了他做一名"大国工匠"的梦想。

用"智力"创造"效率"

2000年毕业后，谢光明进入了交车车间，成为一名半路出家的机车电工。

"全国五一劳动奖章"获得者谢光明：用平凡铸就非凡，以匠心点亮人生

刚进入机车调试岗位时，谢光明对机车设备不熟悉，图纸也看不太明白。但是他很勤奋，更喜欢钻研，于是他每天都拿个小本子，把所有部件画下来，反复记，不懂的地方就追着师傅问。这种方法看起来"笨"，但实际很有效果。很快，他就可以独立画出车间里大大小小的设备，并且熟练掌握了各种类型机车的操作方法及原理。工作之余，他几乎把所有时间都用在了技能提升上。通过不懈努力，他考取了机车电工高级技师职业资格证书，从一名调试"菜鸟"变成一位能处理各种机车"疑难杂症"的"全科医生"。

谢光明说"我喜欢琢磨，把排除疑难故障当成一种特别的乐趣，希望能够用'智力'创造'效率'。"厂里每检测一台机车需要经过28个工序、560多项性能测试、近万根线路的检查，容不得半点马虎，否则，机车就不能正常使用。有时候找不到故障，就要把近万根线路都排查一遍，耗时短则几小时，多则数天，严重影响工作进度。

面对这个严重耗费人力、物力的难题，谢光明在心里琢磨，是否能找到一个更有效的办法来解决呢？于是，他开始翻阅大量专业资料，利用边角废料，再加上自费购置的材料，专门设计了一个检测仪。只要检测仪上的指示灯一亮，就能知道线路是否有故障。这个检测仪像火柴盒一样大，成本低，便于携带，很快便成为他们班组解决线路故障的"神器"。

为解决生产过程中出现的种种瓶颈，谢光明带领团队持续攻关，解决了大量的难题。他连续6年获得公司技术攻关一等奖，主持或参与技术攻关10余项，提升工作效率、减少工时8000余小时，降低成本500余万元。他发明的先进操作法在中国中车的城轨、磁悬浮、新能源等多个产业中得到推广运用，还有4项发明正在申请专利。

做一件事就要做好，做到极致

"我始终有这样一个理念，做一件事就要做好，做到极致。我就是要把我们制造的机车做成艺术品，做到完美无缺。"谢光明认为只有匠心之作，才能得到别人的认可和尊重。

"越是有挑战、有难度的工作，我越有激情和动力去解决，我骨子里有一种情怀，让我很享受这种工作的成就感……"

在出口南非的电力机车启动试制前，谢光明了解到这批机车是中车株机公司打入南非市场的敲门砖，试制下线只有短短半个月，生产压力巨大。于是他主动请缨："我来扛，我带队负责。"

可是，南非机车采取直流、交流双模式供电，与国内机车截然不同。这种双流模式在中国铁路机车制造领域尚属首创，谢光明团队只能摸着石头过河。"白加黑"，"5加2"，连轴转，累了就在司机室打个盹，困了就躺在地板上眯一会，他几乎天天"住"在车上。

有一天晚上，女儿打电话说："明天开亲子运动会，你早就答应我了的。"忙到凌晨3点，谢光明抽空回了趟家，看见妻子和孩子睡得很香，就在书房躺下了。没想到，早上6点多他又接到同事电话，这意味着他又要回车间了。于是，他在女儿书包上留了小纸条："爸爸今天没办法陪你了，下次一定说话算数。"

晚上，女儿打电话过来说："爸爸，你还不回来，我都不记得你长什么样子啦！"作为父亲，听到女儿的这些话，谢光明无奈地说："现在想起来都有点愧疚。"

"全国五一劳动奖章"获得者谢光明：用平凡铸就非凡，以匠心点亮人生

有付出就有回报。他们严谨细致地完成了近千组数据的测试和 600 多项功能检查，攻克了机车"自动通过分制区""隧道模式"等难关，这批机车如期完美下线。

当南非客人看到身披中国红、肩镶南非国旗的车辆惊艳亮相时，都竖起了大拇指说："中国工人了不起，中国制造很厉害！"

在这一刻，谢光明认为所有的辛苦和遗憾都值得了！面对如此高强度、高压力的工作，他做到了。他不仅是中车株机公司的骄傲，更是中国制造、中国轨道交通装备"走出去"的骄傲。

授人以渔，才能实现共同发展

为了提高团队发现问题和解决问题的能力，让大家少走弯路，谢光明经常将他在工作中摸索出来的先进方法以论文或幻灯片的方式呈现出来供大家学习。他还将工作中遇到的一些经典故障、难题收集起来，在解决问题后认真总结、分析原因，还原故障现象，总结提炼经验，编著了一本《机车调试案例集》，里面介绍了数百个机车故障案例及解决方案。这不仅成为机车调试的"武功秘籍"，也成为大家提高技能的教科书。

另外，他还编著出版了 26 万余字的公司内部培训教材第九分册《机车电工》。当了解到用户对机车使用的需求后，他编制了 260 多页图文并茂的《HXD1 电力机车操作技能培训教材》和《HXD1D 电力机车操作技能培训教材》，这两本书受到了武汉、贵阳、柳州、南宁、西宁、株洲、怀化等众多机务段的高度评价。他常常利用每天班前会的时间和培训课将这些成果分享给新员工及与各机务段司乘检修人员，这些教材也深受大家的喜爱。他还授课 100 余次，培训 1000 余人次，指导"出炉"了 12 名高级技师、25 名

技师。

"授人以渔，才能实现共同发展"，在接受采访时，谢光明说他很乐意回到母校跟学弟、学妹们分享自己的成长经历，希望能够用自己的一些成长心得鼓励高职在校生树立信心、立足本职岗位，培养精益求精、追求极致的"工匠精神"。

"我今天取得的成绩离不开当年老师们的教育和学校的培养，母校培养了我，我愿意回到学校为我的母校在师资培训、实习实训、指导技术创新等方面贡献自己的力量。"

路虽远，不行则不至；事虽小，不为则不成。一个人一辈子不一定要干多少惊天动地的事，能把一件有意义的事干下去并且干好就是值得的。

谢光明，坚守工作岗位多年。他潜心扎根基层，兢兢业业、精益求精、执着专注、不断创新，从门外汉到高铁工匠，由普通员工到劳动模范，他一直以实际行动践行着工匠精神，用一颗匠心逐步实现了自己的梦想。他在平凡的岗位上创造着非凡的成就，是当之无愧的"大国工匠"。

工匠话匠心

"我始终有这样一个理念，做一件事就要做好，做到极致。我就是要把我们制造的机车做成艺术品，做到完美无缺""越是有挑战、有难度的工作，我越有激情和动力去解决，我骨子里有一种情怀，让我很享受这种工作的成就感……"

"90后"机械师刘鹏：毕业两年，圆梦全路总冠军

工匠简介

刘鹏：湖南铁道职业技术学院电气化铁道技术（检修方向）专业2014届毕业生，现任南昌铁路局动车技术诊断组组长；先后获得南昌局集团公司"十大平凡之星""江西省青年岗位能手""江西青年五四奖章""全国铁路技术能手""全国铁路青年岗位能手"等荣誉，2016年获得了全国铁路动车组机械师职业技能竞赛全能冠军。

工匠绝学

刘鹏将自己对动车组的检车经验和绝招整理成了一套"单车检查七字歌诀"，这 88 句歌诀朗朗上口，便于记忆，成为许多从事动车组工作的年轻人熟悉岗位、掌握技能的"敲门砖"。

工匠成长经历

他是竞技"高手"，技术"大拿"，动车"守护神"。

他也是全国铁路技术能手、全国铁路青年岗位能手、江西省青年岗位能手，2016 年全国铁路动车组机械师职业技能竞赛全能冠军，2017 年度南昌局集团公司"十大平凡之星"。

他就是毕业于湖南铁道职业技术学院的"90 后"动车组机械师——刘鹏。他现工作于南昌局集团公司，担任动车技术诊断组组长。作为离动车高新技术最近的人，他是动车行业中业务能力方面的佼佼者。

这个热血、有活力的小伙子，浑身都散发了一股不服输的拼劲。他专注、好学、勤奋、锲而不舍。他凭借满腔的拼搏和干劲，一路披荆斩棘，最终与热爱的动车事业成功"约会"，他说这是坚持和热爱带给他的回馈。

觉醒少年，收获自信

2011 年，来自湖南娄底冷水江的刘鹏，考入了湖南铁道职业技术学院，成为牵引学院电气化铁道技术（检修方向）的大一学生。

经过紧张而激烈的高考，进入大学的刘鹏，却成了一个名副其实的"学渣"。

在模拟电子课上，一位退休的老教师突然点名正在睡觉的刘鹏，"这名清秀的小伙子，是不是昨晚预习我的课程熬到太晚了，没有睡好呀？"老教师不是责备，而是善意的调侃，顿时使不知所措的刘鹏脸红得如同犯了错的孩子。听着老师的"夸奖"、同学的起哄，瞬间，强烈的羞耻感如同潮水般在刘鹏内心翻腾。他觉得那一刻既惊喜又羞愧，惊喜的是老师竟然没有责备他，这给了他温暖，羞愧的是同学们的嘲笑让自己无地自容，复杂的思绪让他久久不能平静。从那堂课起，他觉得自己不能再这样堕落下去，也许应该要做些什么了。

突然的觉醒再加上朋友的督促，大一下学期，刘鹏突然像变了一个人，开始变得上进、成熟。骨子里那股不服输的拼劲也不知道从哪被彻底激发出来了，他上课认真听讲、做笔记，遇到难题主动请教老师，提前预习课程……

有付出才有收获。模拟电子课程考试，刘鹏获得了满意的成绩，他体会到了学习带给自己的成就感，自信心倍增。大二，他在所有实训项目的考试中均名列前茅。2013年上半年，在"轨道系科技创新协会第三届11级技能比武大赛"中他荣获第二名，小试牛刀，"学渣"完美逆袭。

"他平时话语不多，但非常好学，对专业十分爱钻研，经常泡在实训室学习，是我们专业老师的好帮手……"段树华教授作为刘鹏的专业指导老师，在谈到刘鹏时，记忆深刻。"专业基础扎实，心态好，平稳，不浮躁"是他对刘鹏的评价。

段树华深刻记得在指导刘鹏毕业设计时，"这个孩子在实训室编程、调试和验证，一待就是一两个星期，吃住都在实训室，这不是一般学生能做到的专注。"段树华绝口称赞。

"做毕业设计时，我就是钻进去出不来了。我做一件事，要么不做，要做就做到极致。"刘鹏说，自己是一个做任何事都要拼尽全力的人，就算是按照电路图简单接个线，也要求自己不仅方法正确，而且接线美观。

正是由于骨子里的拼劲和激发出来的昂扬斗志，再加上对电路图极度热爱的兴趣驱使，不仅让刘鹏在学校就打下了扎实的理论基础，同时也在他的心中种下了自信的种子，并且不断生根发芽。

爱上动车，奋力前行

2014年，23岁的刘鹏从湖南铁道职业技术学院毕业，进入了南昌局集团公司南昌车辆段南昌西动车组运用所工作。

出于对动车事业的热爱，不甘落后的刘鹏像打了鸡血一样，不管是在夜校课堂上，还是跟班作业时，只要是他不懂的，就一定要打破砂锅问到底，跟老师、工长掰扯透才肯罢休。刘鹏回忆说："那时候，我的师傅、夜校老师、同事都被我问烦、问怕了，甚至看到我就躲。"

为了弄懂检修工艺复杂的技术，刘鹏做了近300张的动车知识卡片，每天放10张在口袋里，有空就拿出来看。小卡片已经被沾染的油污模糊、被汗水浸得皱巴，但他已能准确背出卡片上的全部内容。对动车知识如饥似渴的他来说，那会他确信自己是爱上动车这个铁路前沿科技的结晶了。

实习结束后，刘鹏被分配到上部组，大到处理受电弓、重联解编故障，小到一个水龙头的更换，他都不厌其烦。但是他并不甘于停留在能修会换的水平，学会分析故障、在最短的时间内用最合适的方法处理好故障，才是刘鹏真正想要的结果。

"下部组作业时，我让师傅带着我去看，就算只做些递递工具的活，我都非常愿意……"有时碰上走行部的重点故障，直到他们处理完了，刘鹏才肯走，久而久之，全车的作业流程就这样被他"偷学"全了。

下班后他做的第一件事，便是回顾当天遇到的故障及解决过程，仔细思考是否有更多、更快、更好、更省的解决途径，并将细节一一记录在案。

刘鹏拿出了一本破旧的笔记本，里面画满了各种标记和图形，不知道的还以为是"武功秘籍"。但这其实是一本"病历本"，上面记载了中国国家铁路集团有限公司近年来公布的各种动车故障案例，还有他自己平时所学及整理的处理方法。

就是这刻在骨子里的钻研劲和对动车事业的真诚热爱，支撑和鼓舞着刘鹏坚毅前行。咬定青山不放松，方能在人生的战场上所向披靡。

勇攀高峰，圆梦"状元"

2015 年，工作刚满一年的刘鹏，在江西省第十一届"振兴杯"职业技能竞赛中获得了第四名。这在大家眼里已经是不错的成绩了，但刘鹏并没有沾沾自喜。2016 年，刘鹏再次参加江西省第十二届"振兴杯"职业技能竞赛，这次他脱颖而出，一举夺魁，他的"状元梦"圆了一半。

之后，刘鹏被点名加入铁路局集训队，备战参加含金量最高的 2016 年全国铁路动车组机械师职业技能竞赛。来自全局各个动车所的集训队员们都很拼，所有人连吃饭时都捧着书。

刘鹏也不例外，在他的宿舍里，书桌上、枕头边到处都是业务书籍、知识"卡片"和动车"病例"。为了找手感、提速度，他经常徒手作业，手指上经常被划出伤口，但他仍然坚持训练。为了牢记理论知识，他的题库和图纸用破了五本，每本都挤满了密密麻麻的笔记。

在这种争分夺秒又苦闷枯燥的集训环境下，刘鹏虽倍感压力，但动力与压力并存，他心中根植的"状元梦"一直激励着他奋勇前行。他格外珍惜在集训队中能专注研究技术的这份纯粹，积极进取的氛围和互帮互助的队友间建立的深厚友谊，使他充满了前所未有的拼搏劲和满满的正能量。

2016年10月30日，在昆明铁路局昆明车辆段举办的2016年全国铁路动车组机械师职业技能竞赛胜利闭幕。来自全国18个动车配属局（公司）层层选拔出来的135名专业技能人才同台竞技，分五种动车组车型项目进行比拼。比赛项目以CRH380A型高速动车组得分最难，刘鹏却以CRH380A型高速动车组项目得分第一的成绩，居各项目综合排名全能榜首，终于圆了"状元梦"。

默默奉献，为"爱"坚守

"各单位请注意，动检三道准备出车""A380-2750开始检修"……

现在的刘鹏，是动车技术诊断组组长，也是"苏贤达动车教练组"的老师。他将自己对动车组的检车经验和绝招整理成了一套"单车检查七字歌诀"，然后毫无保留地将这份动车检修的"武功秘籍"和其动作解释传授给了大家。这88句歌诀朗朗上口，便于记忆，成为许多从事动车组工作的年轻人熟悉岗位、掌握技能的"敲门砖"。

他作为技术比武教练，亲手培养的徒弟在2017年江西省"振兴杯"铁路行业职业技能竞赛中获得了动车组机械师技能竞赛个人全能第一名，发挥了"传帮带"的重要作用。同时，作为动车"匠心技能大师工作室"的一级大师，他先后参与完成"TEDS综合管理实训系统""研制动车组内外显示器检修试验台"等项目的策划和攻关。

"人生总有高峰和低谷，业务再精湛，取得再多的成绩，也不能激进，更不能停止学习……"刘鹏说。"活到老学到老，干一行，爱一行，专一行，精一行"是他的目标，他热爱动车，也将一辈子在岗位上发光发热。

他笑着将动车比喻为他的爱人，"我经常在检修库、食堂、宿舍间'三点一线'的跑，有人说我傻，但我却乐在其中，能时刻陪伴着我所爱的'人'，难道不是这世上最幸福的事吗？"

作为一名动车"大夫"，刘鹏深知肩上的责任重大，每一列动车的平稳安全运行都关系到千万旅客的生命安全。每小时 300 公里的运行时速，容不得动车人的半点马虎和懈怠。他默默奉献，精心检修，用夜复一夜的守护确保动车安全。

因为热爱，所以坚持。刘鹏对职业的忠诚与热爱，铸就了平凡中的非凡，岗位上"真爱"无处不在，我想刘鹏已经找到了。

工匠话匠心

"人生总有高峰和低谷，业务再精湛，取得再多的成绩，也不能激进，更不能停止学习……""活到老学到老，干一行，爱一行，专一行，精一行！"

青年工匠肖乾亮：业精于勤，行成于思

工匠简介

肖乾亮：湖南铁道职业技术学院电气自动化技术专业2010届毕业生，现任中车株洲电力机车研究所有限公司（简称中车株洲所）风电事业部现场技术改善专员；曾获株洲市"青年岗位能手"称号，代表中车株洲所参加中国南车第六届职业技能大赛获得第二名，并被授予"中国南车技术标兵"称号；2012年被人力资源和社会保障部授予"全国技术能手"荣誉称号。

工匠绝学

肖乾亮研制了一种专门为紧固螺栓涂抹润滑脂的装置，使工效提升 31%，大幅度减轻了作业人员的劳动强度。他主导设计制作的电气类、机械类工装设备共计 8 个，主持设计制作的工装设备形成知识产权的有 12 项，其中获得授权的实用新型专利 5 项、发明专利 4 项。

工匠成长经历

穿着白衬衫、黑西裤，简单干净，眉清目秀，谈吐优雅，谦和礼貌，他就是湖南铁道职业技术学院 2010 届优秀毕业生肖乾亮，现任中车株洲所风电事业部现场技术改善专员。

他曾获"株洲市青年岗位能手""中国南车集团技术标兵""全国技术能手"等荣誉称号，2016 年被聘为中国中车首届核心人才"技能专家"，2018 年荣获株洲市天元区首届"中国动力谷杯"新区工匠称号。

勤学笃行，奠定坚固基础

2007 年，19 岁的肖乾亮考入了湖南铁道职业技术学院。从小对电器有着浓厚的兴趣的他，选择了电气自动化专业进行学习。

开学报到的第一天，肖乾亮并没有像其他同学一样，忙着熟悉新环境、认识新朋友，而是在学长的指引下，径直跑到了学校的实训楼，透过门窗查看实训设备。

"看到那么多实训设备，当时的我十分兴奋，我觉得我的选择是正确的，瞬间觉得浑身充满了力量，对未来信心倍增……"在肖乾亮看来，"学好专业知识才能走遍天下啥都不怕"。因此，对于刚入学的肖乾亮来说，目的十分明确，那就是一定要学好专业知识。

大学三年，肖乾亮几乎过着寝室、实训室、图书馆三点一线的生活，早上 7:00 出门，晚上 10:00 回宿舍，三年如一日，风雨无阻。

他也养成了提前预习的好习惯。新学期开始前的假期，他通过班助了解下个学期将要开设的课程，提前去图书馆借书预习。肖乾亮将别人休闲娱乐的时间用在了汲取专业知识上，《PLC 与变频器综合运用》《数控机床原理与维修》《电气控制机床电路分析及设计》《钳工工艺学》等书籍，一直摆在他的床头，不知翻阅了多少遍。

凡事预则立，不预则废。大学三年，肖乾亮过得很充实，从不浪费每一天，从不虚度每个日子，他的勤奋努力终于等到了历练的机会。

2009 年 5 月，他代表学院参加湖南省"义统杯"趣味电子设计大赛，以设计制作的"数字录音机"作品获得本次大赛的三等奖。

2009 年 11 月，他代表学院参加湖南省电气控制职业技能大赛，荣获第二名的优异成绩。与此同时，他还破格获得了技师职业资格。

"比赛时的心态很重要，只有不断地总结经验，才能为下一次比赛的成功打下坚固的基础。" 21 岁的肖乾亮用自己辛勤汗水换来了无限荣耀，那一刻，他的内心是欣喜的，但更多的是从容不迫、淡定平和。

勇于改变，感恩导师教诲

谈及在大学的学习生涯，肖乾亮总是非常感激他在电气协会担任会长的那段日子。"电气协会这个平台不仅让我提升了专业的实践能力，也锻炼了我的管理能力。"肖乾亮坦言，上大学前的他性格有点内向，言语表达并不顺畅，但是电气协会改变了他。老师的信任和欣赏、同学的帮助和理解，让他变得自信，也让他遇到了人生的好导师——罗钟祈、杨庆徽和段树华等老师，老师们为他的专业能力的提升及做人做事指引了方向。

"罗老师非常信任我，把实训室钥匙交给我保管，让我有机会去维护实训室出现故障的设备，锻炼了我的动手能力。"肖乾亮回忆，每次他向罗钟祈老师请教问题时，罗老师都会耐心解答，而且举一反三，让他受益匪浅。

而杨庆徽老师在肖乾亮眼里是如同父亲一般的人，"我不高兴的事会写在脸上，让我在协调部门的事上碰了不少壁，但杨老师会提醒我、开导我、鼓励我，我不开心的事情都愿意和他讲，今天的我改变了很多，在管理能力上也得到了很大的提升，这些都离不开杨老师的教导，我很感激他。"

说起学校的老师，肖乾亮滔滔不绝，这些细节太多，以至于无法一一细数。他列举了一连串学校老师的名字，似乎有说不完的感恩。

"我今天取得的成绩离不开当年老师对我的培养，我十分感恩，感谢学校的培育之情，感谢老师的谆谆教诲，感谢那些在学习生活中帮助过我的人。同时我也感谢一路走来勤奋努力、肯学肯钻研的自己。"肖乾亮说，现在他也经常回母校转转，看望当年的老师，也多次被学校邀请回校给电气协会做讲座，"我很乐意，也很开心，我希望与母校共同成长。"

精益求精，专注项目攻关

2010年，大学毕业后的肖乾亮进入了中车株洲所风电事业部工作。离开母校，意味着之前的荣誉一切归零，必须从头开始，"曾经的荣誉只能成为自己的铺垫石，并不代表什么，要懂得学如逆水行舟，不进则退。"

最初，肖乾亮干的是普通员工最基础的工作。在工作中，他诚恳地学习岗位技术，虚心地向老师傅们请教，认真地做好每道工序。他把学到的各种知识融会贯通，遇到技术难题，善于思考，常常反复试验。

2014 年年底，肖乾亮发现，在风力发电机组装配中，单台风力发电机中有近 500 根大规格螺栓需要涂刷润滑脂，现场作业员工采用传统的手工涂刷方式，致使涂刷操作烦琐，耗时耗力，涂刷中润滑脂浪费现象十分严重，且存在涂刷不均匀等问题。

如何提高工作效率，防止润滑剂涂敷不均匀，以及避免浪费……肖乾亮在脑海中开始思考琢磨这一系列问题。说干就干，"一种紧固螺栓预涂润滑剂装置及方法"项目迅速开展起来，分析工序作业步骤、绘制装置三维构架图、实施组装调试……历时 3 个多月，一种专门为紧固螺栓涂抹润滑脂的装置研制成功，该装置使工效提升 31%，大幅度减轻了作业人员的劳动强度，节约了成本，为公司创造了经济价值，也得到了公司领导的高度赞赏。

另外，该攻关成果还获得了公司 QC 改善成果二等奖、公司先进操作法评选一等奖，并获得了国家发明专利，填补了国内大规格螺栓半自动涂刷润滑脂的空白。同时该攻关成果还获得了公司 2016 年授权专利一等奖。

肖乾亮在工作中坚持设计、制作及改进现场工具、工装，硕果累累。他提出了各类现场改善建议 30 余条，其成果在公司改善提案发布活动中多次获得一等奖、二等奖；他深入现场开展技术攻关工作，主导设计制作的电气类、机械类工装设备共计 8 个，为公司节省工装制作、设备工具采购费用 35 万余元，主持设计制作的工装设备形成知识产权的有 12 项，其中获得授权的实用新型专利 5 项、发明专利 4 项，另有 3 项专利已被国家知识产权局受理，即将授权。工作之余，他不断总结工作成果，撰写的技术论文获得中车株洲所科技学术论文交流三等奖 1 项，中车株洲所首届黄金案例交流一等奖 1 项，中车株洲所先进操作法一等奖、二等奖各 1 项。

"做任何事都要不急躁，不急于求成，耐得住寂寞，才能静下心来，把工作做到最细。"肖乾亮认为，作为一名现场技术改善专员，解决现场技术难题、精益求精，创新工作方式、提升生产效率和质量、化解安全隐患、创造效益是"工匠精神"最直接的体现。

甘于奉献，传承工匠精神

八年的孜孜努力，让肖乾亮从初入行的毛头小伙，一步步转变为中车技能专家、全国技术能手，以及公司最年轻的高级技师。作为现场技术改善专员，他有自己的项目攻关团队，他将专注、上进作为自己的立身之本，不断提高专业技能，勤于思考，勇于挑战，积极带领团队成员发现问题、解决问题。

一个人的成长需要一个好的团队，肖乾亮相信只有团队共同学习、共同进步，才能创造 1+1>2 的奇迹，这就是技能和创新精神的传承。

为提高职工技能等级，公司每年都会组织技能鉴定考试，考试包括理论和实操。肖乾亮作为公司技能员工内部培训师，把自己总结归纳出的方法与经验制作成课件，悉数教给工友们，为身边的技能员工的成长助力，帮助他们快速提升技能，为公司技能员工的职业技能的提升做出了突出贡献。

另外，公司为提升员工的专业技能实操水平，专门设立了培训道场。培训道场里有电工实训平台、钳工实训平台等，维修电工技能操作实训平台就是肖乾亮自己钻研设计的，该设备已成为电气操作人员技能考试的测试平台。培训道场的建立给员工带来了学习、创新的机会，活跃了团体氛围。

"一花独放不是春，百花齐放春满园。一个人的力量是有限的，只有集合团队的力量才能创造无限可能。"肖乾亮希望每一位工友都能参与创新改革活动，让每一个人都成为"工匠"。技能考试前期，肖乾亮担任公司"教练员"，把所掌握的专业知识和实践技能毫无保留地传授给身边的同事，充分发挥了传、帮、接、带的作用。

所有的成功都需要付出，坚守自己的人生目标更需要毅力。肖乾亮没有豪言壮语，但他一路走来，每一步都很坚实。所谓活到老，学到老，肖乾亮每天坚持读书学习，他用这种方式来启发同事，每个人只有努力咬紧目标不放弃，才会获得成功。

业精于勤，行成于思。肖乾亮就是这样一位心无旁骛、坚持不懈、孜孜不倦的耕耘者。他肯钻研，善思考，爱挑战，求上进，有着持之以恒、不服输的拼劲、韧劲。他是新时代的青年工匠，是青年人学习的榜样。相信他的人生定会耕耘出更肥沃的土地，腾飞向更广阔的天空。

工匠话匠心

"做任何事都要不急躁，不急于求成，耐得住寂寞，才能静下心来，把工作做到最细。"

最年轻的工班长何宪：自古成业唯精专

工匠简介

何宪：湖南铁道职业技术学院电气化铁道技术专业（运用方向）2012届毕业生。现任广铁集团公司株洲机务段株洲检修车间工班长；先后荣获2013年度机务系统技能竞赛株洲机务段电力机车电工比武理论第一名，2014年度机务系统技能竞赛株洲机务段电力机车电工比武全能第二名，2015年度机务系统技能竞赛株洲机务段电力机车电工比武全能第一名。

工匠绝学

何宪是车间有史以来最年轻的工班长,成功地带出了一支优异的作业队伍,带领班组通过了集团、部级各类检查。入职多年以来,他没有发生过任何一起质量、安全等责任事故。

工匠成长经历

2012年6月,21岁的何宪毕业于湖南铁道职业技术学院电气化铁道技术专业(运用方向)。2015年1月,他已成长为广铁集团公司株洲机务段检修车间检测组工班长,这是整个车间有史以来最年轻的工班长。

他时常跟身边的小伙伴说:"如果你只把工作当作一件差事,或者只把目光停留在工作本身,那么即使是从事你最喜欢的工作,你仍然无法持久地保持对工作的激情。但如果你把工作当作一项事业来看待,情况就会完全不同了。要想实现愿望并不是无条件的,关键是看你有没有能力,有没有真本领。业务技能精湛既是做好本职工作的基本条件,也是适应竞争的需要,所以,我们要干一行、爱一行、精一行、成一行。"

工作优势,很大一部分源自在校的学习

何宪经常回忆自己在校期间的收获。他感慨,在校期间的学习给了自己职业生涯非常大的帮助,尤其是实践课中的钳工基础、电路组装、电器装配的学习,培养了自己非常强的动手能力,让他在入职后就能快速熟悉操作钳工工具、机车的电器装配和电路焊接。2013年7月,他第一次参加职业技能竞赛,因日常工作经验的缺乏,只在第一次竞赛中获得了一个单项的理论第一名。但他没有气馁,在接下来的工作中更加刻苦学习,努力钻研,逐渐积累了工作经验。这件事使何宪认识到,无论从事什么职业,都应该精通它,使自己成为自己职业领域的专家。与其他有能力做这件事的人相比,如果你

是工作方面的行家里手，你就能轻松创造出他人无法创造的业绩，就能赢得良好的声誉。这样的信念和努力，使他在之后的工作中连获佳绩：2013 年，获得机务系统技能竞赛株洲机务段电力机车电工比武理论第一名；2014 年，获得机务系统技能竞赛株洲机务段电力机车电工比武全能第二名、理论第一名、实作第二名；2015 年，获得机务系统技能竞赛株洲机务段电力机车电工比武全能第一名、理论第一名、实作第一名；2015 年，获得机务系统技能竞赛全日制大学生技术比武机车电工全能第一名、理论第一名、实作第一名；2015 年，被评为广铁集团公司青年岗位能手和株洲机务段 2015 年度优秀团员、先进个人；2016 年，获得广铁集团公司 2016 年度机务系统技能竞赛（一类）理论第一名，并于 2016 年 3 月 14 日，取得机车电工技师资格证……

管理能力，一定要在实践中锻炼和提升

在何宪的心中，有一个足够强大的信念，那就是必须对自己有绝对的自信，相信自己必定能胜任这项工作，并且足以驾驭它，能灵活地运用这项工作使自己获得更大的乐趣。而这种自信，是他通过不断在实践中锻炼与提升获得的。

在校期间，学校安排的课程及各项活动，在很大程度上提升了他的个人能力，包括与人沟通交流及协作共处能力。尤其是学校的各项活动，很多都是需要集体参加配合的，这在很大程度上提升了他的协作能力和组织管理能力。在学校的实作学习小组中，他就经常担任小组长，和小伙伴们探讨各种各样的问题，从而在团队协作中得到了很大的锻炼。在校期间，他还参加了学校组织的实习，大二的时候被学校推荐去了广州伟易达电子厂，这份难得的实习机会、流水线的标准化作业锻炼了他，使他在现任岗位中一直按规

范作业、按标准化执行工艺作业。这种极强的动手能力，使他攻克了班组作业中的各类难题，如进行 HXD1C 型电力机车顶轮检测作业时，轮被顶起后无法正常转动。他结合机车图纸，与车间老一辈技术能手联合升级制作了 HXD1C 电机隔离开关，为职工作业提供了很大帮助。2015 年 1 月他就任车间的工班长职务后，这些在校期间的获得的基层管理经验，使他不仅很快通晓了班组的各项岗位技能工作，带领班组迎接通过了集团、部级各类检查，并将班组管理得井井有条。他成功地带出了一支优异的作业队伍，自己也成长为一名优秀的工班长。入职以来，他没有发生过任何一起质量、安全等责任事故。

优秀工匠，一定不会忘记初心

何宪一直坚持着自己的初心，并没有因为业务的繁忙而中断对各类技能的学习。2012 年 6 月，何宪进入铁路工作，新入职的大学生们在职教科老师的带领下来到检修车间钳工房参观。老师说："钳工房是个出人才的地方，在这里锻炼出来的技术，可以参加段、集团乃至全国的职业技能竞赛，是成就一名优秀的铁路职工必经之路。"这段话深深地印在了他的脑海里。湖南的 6 月是炎热而烦闷的，大家都在休息时，他却没有因为天气酷热而停下手中的六方公母套工件的制作，他的心中只有一个想法，那就是成为一名优秀的铁路职工。

他认准目标，执着坚守，耐得住工作上的枯燥与寂寞，经得起职场上的诱惑与挫折，为自己的理念而执着。他将在工作上不断追求完美的精神和态度融入实际岗位作业中。他永不满足，不断给自己设置界线并努力的跨越它。

他不满足于普普通通的工作表现，要做就要做得最好；他勇敢面对工作中的困难和挫折，在工作中铸练技能，在工作中铸造个人品牌。

不忘初心，砥砺前行，"滴水穿石，绳锯木断"。他以匠人之心，专心致志地做一件事情，把其做精、做到极致，成为车间最年轻的工人技师。

工匠话匠心

"业务技能精湛既是做好本职工作的基本条件，也是适应竞争的需要，所以，我们要干一行、爱一行、精一行、成一行。"

"高铁工匠"刘少杰：把产品做成精品和艺术品

工匠简介

刘少杰：湖南铁道职业技术学院电机电器专业2006届毕业生。现任中车株洲所时代电气半导体事业部 IGBT 芯片主管；曾获"湖南省优秀毕业生""中车株洲所生产能手""优秀共产党员""十大杰出青年提名奖"等称号；2017年被中国中车授予"高铁工匠"称号。

"高铁工匠"刘少杰：把产品做成精品和艺术品

工匠绝学

显微镜下任何一个微小的颗粒或缺陷都逃不脱刘少杰的"法眼"，他在四年里用专注打造了一个产品零缺陷的奇迹。

工匠成长经历

刘少杰，湖南铁道职业技术学院电机与电器专业2006届毕业生，一名典型的"80后"奋斗青年。从业以来，他获得了"中国中车高铁工匠""南车时代技术能手""中车株所技术能手""中车株所十大杰出青年"等30余项荣誉，并带领团队获得"全国质量信得过班组""清华大学IE亮剑论坛三等奖""中车株所优秀班组"等10余项奖项。熟悉他的人总会说，"他是一个有心、用心和做事放心的人"，而用他的话说，"自己没有什么特别之处，只是和公司许许多多一线员工一样，把工作当成乐趣，力争把每一件事情做好，以饱满的工作热情，迎接每一天，迎接每一次的挑战。"

学生时代三次获得校级奖学金

2003年，刘少杰考入湖南铁道职业技术学院电机与电器专业。在校期间，他先后担任过电机电器032班班长、电机电器051班班主任助理等职务，还曾获得湖南省优秀毕业生、学校优秀毕业生、优秀学生干部等荣誉称号，并3次荣获校级奖学金。

2018年，11月6日，教育部教育奋进之笔"1+1"系列发布采访团走进湖南，采访团到访了湖南铁道职业技术学院，重点就学校产教融合及现代学徒制方面的经验做法进行采访报道。刘少杰作为学校优秀毕业生在校内接受了采访，讲述了自己的成长历程，同时也表达了对母校培养的感激之情！

"刘少杰读书的时候学习非常用功，各项成绩都非常优秀，组织管理也很强,从学生时代我就看出这个学生将来会有大出息",提起自己的爱徒,学校控制学院院长唐亚平不由地夸赞。

必须有责任心,容不得半点马虎

2006年8月,刘少杰毕业后进入株洲中车时代电气股份有限公司工作,成为一名普通的一线操作工,在生产线从事扩散工序作业。刚刚毕业参加工作的他深知自己所在的岗位是生产的关键工序,任何一次不经意的失误,都会导致产品失效,这就要求工作人员必须有责任心,容不得半点马虎。他暗自下定决心要努力干,并干出成绩。当他问师傅怎样才能把工作做好时,师傅只对他说:"精益求精,追求工作完美与产品极致。"简单的一句话,却深深地震撼到他。在后面的工作中,他努力向工艺技术人员学习工艺知识,向师傅学习操作技巧,向书本学习理论知识,要求自己要善于总结、勤于思考。维修人员检修设备时,他去做帮手,了解设备的原理和结构;工艺人员讨论工艺时,他会做听众,并提出自己的疑问;师傅作业时他会认真观察,不理解的地方就提问。就这样,他很快掌握了扩散岗位的专业技能,成为工序的骨干力量,从而有机会参与新线工艺调试、特高压直流输电等项目,并在此过程中使自己的能力得到了较大的提升。

"事情交给小刘去办,完全可以放心"

2009年,由于在操作技能上的突出表现,刘少杰成为"先遣部队"的成员,参与高压牵引变流器生产线的工艺调试。由于扩散设备都是进口设备,非常精密和昂贵,工艺要求很高,调试周期短,这对他来说是一次挑战。查阅资料、上百次工艺试验、数据分析和总结等工作让他学到了新的知识和技能,并为生产线的顺利拉通做出了重大贡献。按照上级领导话的说,"事情交给小刘去办，完全可以放心。"功夫不负有心人，正因为他的努力和钻研，他的突出工作技能在平常的工作中已经显露"山水"。在公司 2009 年组织开展了职工技能大赛中，他夺得了元件工种第一名的好成绩，并获得了"南车时代技术能手"的称号。

好的先进操作法只有继承下去才能体现它的价值

2011 年，刘少杰通过自己的努力成为一名班长。为全面提升自己技能，他给自己定下目标：掌握产品整个生产流程，并能操作全线设备。他通过近一年的加班学习、工艺探讨、经验交流等，终于达成了目标，成为线上操作的全能工。为提升整个团队专业操作技能，他主动编制操作学习资料，将这几年在工作中积累的经验和知识与同事们进行分享和交流。他说："好的先进操作法只有传承下去才能体现它的价值。"为做好人才培养和经验传承，他组织建立培训交流平台，通过培训交流把好的先进操作法传承下去，提升了整个团队技能。经过 3 年的努力，他所带领班组的多能工比例达 81%，职业技能鉴定通过率达 90%。

四年里他用专注打造了一个产品零缺陷的奇迹

2013 年，伴随着大功率器件产品的不断升级，新的变流器件产品诞生了，刘少杰又被调入新生产线，参与生产线建设。"生产线有 299 道流程，每一道都不容有失，我们要坚持工匠精神，做到精益求精，这样我们的产品才能让高铁跑得更快、更稳定。"他说，"出现缺陷对于我们的产品是最致命的。"现场缺陷达 20 多种，均需要人工通过显微镜去检查、识别出来。而他，在四年里用专注打造了一个产品零缺陷的奇迹。这就是专注、这就是技能，连专家都佩服、为他点赞！工作中除对自己高标准、严要求外，他对身边的搭档、同事亦是如此要求。显微镜下任何一个微小的颗粒或缺陷都逃不脱他的"法眼",他在技术上就是如此精益求精!他用最朴实的劳动践行着一名普通劳动者的责任和一个共产党员的坚守。

2014年5月,在试制初期产品出现了失效问题,通过不断排查、分析,最后锁定为产品均匀性问题。为了解决这个问题,他又一次开启了建线后大家不能再熟悉的"24小时运转"模式,温度、气流、工艺时间等多个参数一遍又一遍地被近似苛刻的验证。通过一次次的气流和控温方式数据验证分析,产品片内均匀性终于从1.5%~1.8%降到1%~1.2%,这意味着产品良率可以提升5%~10%。2014年6月20日,在这个值得大家欢呼的日子里,首批牵引变流器核心器件成功下线,产品良率达到90%以上。产品周期是60天,为确保首批核心器件提前下线,刘少杰主动带领同事倒三班,采取"白+黑"和"5+2"的工作模式,11天就使产品顺利下线。

勇于创新为高铁提速

2017年,刘少杰获得"中车高铁工匠"称号,并作为公司技能人才代表去北京中车大学参加中车技能领军人才十九大精神学习班培训。党的十九大报告明确指出,要建设知识型、技能型、创新型劳动者大军,努力形成人人渴望成才、人人努力成才、人人皆可成才、人人尽展其才的良好局面。对十九大报告中的这些内容,他感触颇深。回公司后,他与大家分享交流,谈感受,谈体会,践行工匠精神。作为产业工人,他深深地感受到了来自党和国家对基层一线的重视,这让他内心充满了力量。他决心在思想上、政治上、行动上与以习近平同志为核心的党中央保持高度一致,踏上新征程,践行新思想,激发新作为,产业报国,勇于创新,为高铁提速。

"高铁工匠"刘少杰：把产品做成精品和艺术品

对于未来，刘少杰和许多一线青年员工一样，曾经迷茫过，但在工作中建立起来的自信、收获的快乐，已经让他有了自己明确的规划。对于新时代技能人才，他说："在工作中我们要践行工匠精神，要做到敬业、精通、坚持，要尊重自己的工作，热爱自己的岗位。作为一名高铁工人，要不断提升自身的技能水平和职业素养，努力把产品做成精品、做成艺术品，争做知识型、技能型、创新型高技能工匠，在平凡的岗位上实现自身价值。"

工匠话匠心

"在工作中我们要践行工匠精神，要做到敬业、精通、坚持，要尊重自己的工作、热爱自己的岗位。作为一名高铁工人，要不断提升自身的技能水平和职业素养，努力把产品做成精品、做成艺术品……"

"90后"帅小伙彭英杰：四年磨一剑，出鞘露锋芒

工匠简介

彭英杰：湖南铁道职业技术学院 2012 届毕业生，现任广州地铁电客车司机；2016 年获得第八届全国轨道交通运输行业"中车·捷安杯"轨道列车司机职业技能竞赛个人二等奖。

工匠绝学

强烈的安全意识、精湛的故障处理技能及良好的应急心理素质，使彭英

杰交出了"安全行车12万公里"的满意答卷。在工作期间他教出了多名优秀的地铁电客车司机，更难能可贵的是工作期间他零违章、零事故。

工匠成长经历

彭英杰是一名来自湖南浏阳的"90后"帅小伙。2012年6月，他毕业于湖南铁道职业技术学院，同年10月，加入广州地铁大家庭，成为一名广州地铁电客车司机。

2016年11月19日，在第八届全国交通运输行业"中车·捷安杯"轨道列车司机职业技能竞赛中，彭英杰脱颖而出，荣获了个人二等奖。

毕业以来，彭英杰一直在广佛线乘务广佛分部工作，从司机学员逐渐成长为一名业务精湛的老司机。在这期间，他不断学习，如今已经能独当一面。从刚开始的懵懂到真正热爱这份工作，孤独的隧道沉淀出他这份默默的坚守。强烈的安全意识、精湛的故障处理技能及良好的应急心理素质，使他交出了"安全行车12万公里"的满意答卷。在工作期间他教出了多名优秀的地铁电客车司机，更难能可贵的是工作期间他零违章、零事故。

2016年，第八届全国交通运输行业"中车·捷安杯"轨道列车司机职业技能竞赛如期而至，这是为检验地铁电客车司机的操作技能准备的一次全国性地铁司机行业大赛，比赛选手在参与理论知识比拼的同时，还要进行实操故障模拟器操作、实车驾驶、实车救援连挂、故障处理、应急处理及标准化作业等项目，以此展现参赛选手的综合能力和心理素质。

此次赛事的重要性对地铁司机来说不言而喻，是真正意义上地铁电客车司机的一次"盛宴"。来自全国19个省25个城市25家地铁公司的56名轨道列车司机精英最终在郑州群雄逐鹿，一决雌雄。

为应战此次全国交通运输行业"中车·捷安杯"轨道列车司机职业技能竞赛，选拔最优秀的地铁电客车司机参加全国技能竞赛，彭英杰所在的广州地铁在总部范围内千余名司机中层层选拔、技能培训、技能练兵、骨干选拔。彭英杰在公司的层层选拔中脱颖而出，怀着必胜的信念，一心向前，战胜无数老师傅，最终他取得了代表广州地铁参加全国总决赛的入场券。

彭英杰深知自己肩上的担子有多重，自己即将与来自五湖四海的同行精英同台竞技。在赛前训练过程中，他从不叫苦，从不喊累，踏踏实实，秉承着广州地铁"诚信、务实"的核心价值观，严格要求自己，不放过任何一个细节。

距离比赛的时间越来越近，彭英杰每天都是早出晚归，穿梭在家和训练场之间，两点一线，理论练习，实操训练。在两个月的集训期间，他经常在训练的列车上吃午饭与晚饭。

驾驶比赛，需要司机不看速度表显示来判断实际速度是否达到要求来对盲标（判断速度值高精度对标停车），这对司机的驾驶技术是一个很大的挑战。为了练好这门技术，彭英杰携带耳塞，遮挡驾驶室速度表，一遍又一遍地感受速度，通过不断练习来培养速度感，追求精准速度值和对标精度的绝对零度值。不断训练，及时总结，发现不足，再度改进提高，精益求精，直到做到最好，这是两个月来彭英杰全部的生活和工作。

"宝剑锋从磨砺出，梅花香自苦寒来。"取得好成绩绝非偶然，硕果离不开坚持与努力。四年如一日的坚持，两个月的集训，标准的手指口呼，一人一车的独立作战能力，战胜无尽的隧道孤独，彭英杰相信，只有过硬的岗位实力才能为羊城加速。当然，强大的实力离不开不分昼夜、坚持不懈的努力，从最简单的手指口呼到复杂的故障处理，每一个确认动作，彭英杰都会尽自己全部的努力做到最好，不断培养自己良好的作业习惯。他相信付出终得回报。

2016年11月19日，紧张的比赛在三天的激烈角逐后终于顺利拉下了帷幕。一分耕耘，一分收获，广州地铁"90后"选手彭英杰最终在地铁行业众多司机精英竞技中披荆斩棘、脱颖而出，取得了这次比赛的二等奖。

四年磨一剑，出鞘露锋芒。从毕业到工作，四年的时间，这次比赛不仅是对彭英杰自己的一次挑战与超越，也是湖南铁道职业技术学院的自豪与光荣。他为母校在校学子树立了榜样，也为整个广州地铁增添了光彩，更为司机队伍竖起了一面鲜红的旗帜。

对于收获的诠释，正如一位哲学家所说："每一个不曾起舞的日子，都是对生命的辜负。"彭英杰，他没有辜负自己的努力。

工匠话匠心

"世上从没有白费的努力，也没有碰巧的成功。机会对于每个人都是平等的，但成功与否就在于他是不是有一颗时刻准备着的心。很多看似撞大运的成功，往往源于曾经一段看不到光明的努力付出。"

"全路技术能手"熊轶：不忘来时路 不负少年心

工匠简介

熊轶：湖南铁道职业技术学院电气化铁道技术专业 2015 届毕业生，现任广铁集团公司广州动车段广州南动车运用所动车组机械师；曾荣获 2018 年广铁集团公司车辆系统动车组机械师职业技能竞赛全能和实作第二名、2018 年原中国铁路总公司动车组机械师职业技能竞赛决赛全能第四名（CRH380B 全能第一名）和决赛团体第一名，并获"火车头奖章""全路技术能手"和"全路青年岗位能手"称号。

工匠绝学

熊轶通过自己的汗水与努力，在 2018 年 9 月的广铁集团公司车辆系统职业技能竞赛中获得了 CRH380B 车型全能第二名，破格成为一名技师。

工匠成长经历

熊轶，2015 年 6 月毕业于湖南铁道职业技术学院电气化铁道技术（车辆方向）专业，现工作于广铁集团公司广州动车段广州南动车运用所，担任动车组机械师。

进入广铁集团公司仅三年，这个"90 后"的小伙子就荣获了 2018 年广铁集团公司车辆系统动车组机械师职业技能竞赛全能第二名、2018 年广铁集团公司车辆系统动车组机械师职业技能竞赛实作第二名、2018 年原中国铁路总公司动车组机械师职业技能竞赛决赛全能第四名和 CRH380B 全能第一名、2018 年原中国铁路总公司动车组机械师职业技能竞赛决赛团体第一名，并获提报"火车头奖章"、"全路技术能手"和"全路青年岗位能手"。

认真学习，奋勇争先

2013 年，进校一学期后的熊轶，由于对电路感兴趣，毅然决定从文科专业转到了工科专业。

为了补上落下的课程，努力提高自己的专业能力，熊轶利用业余时间学习，从早到晚都泡在实训室里，做钳工时，即使手起泡了，也要坚持做到最好。

由于从未接触过工科类的课程，学起来比较有压力，他有时也会犯点小迷糊。"刚转入，很多课程时是不太懂的，尤其是电路那一块。"为了把专业知识搞懂，熊轶找到了一套适合自己的学习方法，"认真听讲，回去后要结合老师所说的东西多总结；考前要有复习计划；多学多看，多问一下老师，回来之后跟同学多讨论、多交流……"

经过不断地反复练习，熊轶的动手能力和做事速度都有了很大的提升。熊轶说："学校的实训课对我现在的工作有着很大帮助，使我工作时更容易上手，比如说之前努力克服的电路难关，为我在工作中处理电路时打下了很好的基础。"

除了提升专业技能，熊轶也有意识地注重自己其他方面能力的培养。他积极参加班级活动，加入部门锻炼，从开始的上台发言怯场到后来主持部门会议即使是临场发挥也能滔滔不绝、面不改色。

谈起大学的时光，熊轶颇有感触。大学三年对他的影响很大，不仅使他的知识面有了很大的拓展，也锻炼了他的社会交际和社会实践能力。"有志者，事竟成！苦心人，天不负！"这是熊轶从高中以来一直所坚持的，在工作中也时常用来激励自己的一句话。

勤学苦练，力争上游

2015年7月，熊轶被分配到了广州南动车运用所，主要负责动车组的一级、二级检修作业。他在M修班组（二级修），最开始跟着带队师傅们学习车内设施的检修。由于动手能力强、上手快，熊轶很快也成了师傅，开始带队新入路的职工负责车内设施的检修。

他稳扎稳打，一步一个脚印，在闲暇时间，自学各岗位的作业指导书，苦练基本功，不断提高业务技能，以便快速适应工作，能够成为师傅们的得力好帮手。

2018年4月，熊轶参加集团比武取得了优异成绩，因此集团再从每个

"全路技术能手"熊轶：不忘来时路 不负少年心

车型中选拔三个人去参加原中国铁路总公司动车组机械师职业技能竞赛时，他便成为其中一员。在赛前，熊轶进行了全方位的集训。

训练就像马拉松比赛一样，考验的不是最开始的冲刺，而是整个过程的持之以恒。单车检查的每一个部件、每一个动作都需经历成千上万次的练习，每一份电路图都必须反复琢磨推演。在这个练习的过程中，熊轶写下了满满的思路和心得。他有时也跟工友们共同研究探讨，一起熟记继电器的位置和原理，理论背诵从理解题意，到一字不漏，再到滚瓜烂熟，有时他们还会相互帮忙厘清电路逻辑，以达到处理故障的快、准、稳。

熊轶所获得的成就和他的努力密不可分。他通过自己的汗水与努力，在2018年9月的广铁集团公司车辆系统职业技能竞赛获得了CRH380B车型全能第二名，破格成为一名技师。随后作为广铁集团公司的代表赴南宁参加2018年全路动车组机械师职业技能竞赛，将CRH380车型的全能第一名揽入怀中。他所代表的广铁集团公司参赛队伍也获得了此次竞赛的团体第一名，首次在客场团体竞赛时卫冕成功，打破举办竞赛以来主场必夺魁的魔咒。同时他个人也获提报"火车头奖章"、"全路技术能手"和"全路青年岗位能手"。

励志笃行，不忘初心

天分重要，勤奋也是必不可少的。"熊轶有天赋又很努力，老师也很喜欢他，夸他脑子灵活，做事勤奋。"熊轶的同事告诉我们，熊轶刚到广铁的时候，遇到不懂的问题经常请教师傅，然后自己总结经验，十分勤奋。

从问部件，到问作业流程，再到问作业过程中的注意事项……熊轶不懂就问。凭着一股好学的精神，再加上超强的动手能力，很快熊轶就能带队新入路的职工负责车内设施的检修，自己开始带徒弟了。"师傅很耐心，他总是知无不言、言无不尽，他把工作中所获得的经验教给我，让我学到了很多东西，在工作中也有了很大进步。"徒弟肖运翔说。

在工作之余，熊轶自学各岗位的作业指导书，跟厂家技术骨干学习，苦练基本功，制订计划，针对弱项一遍一遍练习，形成肌肉记忆，积极找教练请教……他稳扎稳打，一步一个脚印，不仅业务技能得到了提高，在轮岗的时候，他也总能迅速适应，成为师傅们的得力帮手。

熊轶目标明确，虚心学习，踏实做事，他通过自己的努力和不断学习，收获了知识和成长，也收获了掌声和荣誉。"不忘来时路，不负少年心"，这是熊轶的座右铭，他希望自己能够永远不忘初心，不负韶光，坚毅前行，做最好的自己。

工匠话匠心

"人生道路上难免会有崎岖和坎坷，但只要有厄运打不垮的坚强信念和意志，希望之光就会驱散绝望之云。"

中国中车优秀裁判长姜志胜：
博学笃志 严谨踏实

工匠简介

姜志胜：原株洲铁路电机学校（现湖南铁道职业技术学院）1992届机制专业毕业生，现为大连市人力资源和社会保障局智库专家；先后荣获辽宁省首届技师杯职业技能大赛"命题和执裁工作优秀技术专家"、"大连市中等职业学校领军教师"称号；2015年在中国技能大赛辽宁省技师杯职业技能大赛上被授予"优秀裁判员"荣誉称号。

工匠绝学

姜志胜参与了中国铁路第一次到第四次提速气缸盖的生产，获得了巨大的成功，并在2002年"大连市第一届职业技能大赛"中获得加工中心操作工赛项第一名。

工匠成长经历

温文尔雅，身着格子衬衫和西装，脸上带着微笑，给人一种和蔼可亲的感觉，他就是88级机制专业湖南铁道职业技术学院优秀校友姜志胜。同时，他还担任大连机车技师学院主任、加工中心操作工国家级裁判员、大连市人力资源和社会保障局智库专家、大连市数控专业建设委员会副主任。

他曾获得2012年10月的辽宁省技师杯首届职业技能大赛"命题和执裁工作优秀技术专家"荣誉称号；2013年被授予"大连市中等职业学校领军教师"荣誉称号；2015年在中国技能大赛辽宁省技师杯职业技能大赛上被授予"优秀裁判员"荣誉称号。

"底蕴深厚才能走得长远，学习中永远没有捷径可走。"从一位平淡无奇的学生到中国中车优秀裁判长，一路走来，姜志胜始终勤奋刻苦、严谨踏实。

回忆温暖，感恩母校培育

1988年，初中刚刚毕业的姜志胜怀着一份少年的懵懂来到了湖南铁道职业技术学院。说起母校，他侃侃而谈，那里的一草一木是那么亲切，学校的红楼和教学楼依然记忆犹新，就仿佛往日的校园生活浮现在眼前。"我们机制881当时的篮球比赛可是打遍全校的。"他说完这话爽朗地笑了，学生时代的纯真和美好，是永远也不会忘却的。

说起自己的老师，单国华、吴田珍、胡炳坤、朱鹏超、钟建宁、李时珍、刘春秀……这一连串的老师名字，姜志胜记忆犹新，脱口而出。姜志胜说最让他印象深刻的是班主任单国华老师，"虽然有年龄之差，但单老师在我们心中就像兄长一样，他悉心照顾班上43名同学的生活、学习，每次班会和生活都会亲自参加。我的物理成绩拖后腿，单老师利用业余时间让我到自己家里补课……"这些回忆历历在目，姜志胜对单老师的感激之情溢于言表。

而对于自己的恩师胡炳坤老师，姜志胜直言："老师待我们就像自己的孩子一样。"当时的姜志胜还是机制881的一名在读学生。他的毕业设计里的装配图0号图纸在胡老师的指导下连续修改了四次。第一遍和第二遍画的图纸都不完美，继续重做。第三遍的图纸姜志胜觉得没有什么问题了，信心满满地交给胡老师，胡老师看了他一眼没有说别的，依然让他重新去画一份。姜志胜没有怨言和脾气，而是更加认真细致地绘制了第四份图纸，这次拿给胡老师看时，胡老师满意地点点头说："其实第三份图纸已经没有什么问题了，但我要求你绘制第四份，就是想告诉你要耐心、严谨、踏实地做每一件事。"胡老师的一席话让姜志胜受益终身。

谈起朱鹏超老师，姜志胜说他在一次重要考试中，碰到一道题目怎么也做不出来，虽然知道不解出这道题也能及格，但是就是非常想把这道题解出来，于是偷偷拉出抽屉里的书，当时的监考老师朱鹏超老师走过来，并没有拆穿他，而是站在他面前一言不发。姜志胜脸一红，马上把书放了进去。朱老师没有大声质问他为什么作弊，而是让他察觉自己做得不对，既纠正了他的错误又不会影响到其他考生。"湖铁的优良传统至今影响着我，给我带来了不可忽略的人生财富。"母校老师的严谨管理造就了姜志胜严谨的性格。

严以律己，责任与能力并进

姜志胜说作为教师不单是要教书还要育人。"在学生时代，把知识学扎实了，走向工作岗位，牢固的基本素质和素养才能使人很快适应社会，培养学生，不单是要教书，更重要的是育人。"进入工作后，姜志胜把这种意识带入工作中，秉着身为学生的热情和积极，他以老师的身份给予每一位学生最大的帮助，争取帮助每一位学生塑造最好的自己，创造美好的未来。

"现在有的年轻人凡事都想走捷径。有些事可以走捷径，但学习不能走捷径，踏踏实实地学好自己的专业课、夯实基础、提高自己的专业水平和技能才是首位的。"姜志胜认为只有砥砺前行，持之以恒，才能够有更大的发展空间，才能够有更大的展示平台，才能够做更多的事。

"要在大学刚开始时就设立一个目标，把知识学扎实了、学牢靠了，就业不是问题，学到出类拔萃，就业主动权就在自己手中。"这是姜志胜对在校大学生学习就业心态时的指导。

现在的某些大学生总是抱怨学校的半军事化管理有多么的严格，但作为中国铁道今后的新鲜血液，最重要的便是自律、严谨和踏实。姜志胜说："在学校读书期间，学校管理要求特别严格，在宿舍里被子要求每天要叠成'豆腐块'，鞋子要摆成一排整整齐齐，牙刷杯子摆成一条线，毛巾叠成三层排成一排，老师们都戴着白色的手套检查有没有灰尘。在学校期间坚持每天把每一个细节做好，坚持把习惯变成日常，在学校养成的良好生活习惯，潜移默化地影响到我今后的工作和生活。"

严谨的工作作风，细致条理的生活风格，培养了姜志胜优秀的工作生活品质，使得他很快在工作中崭露头角。学校的半军事化管理方式不仅能够培养学生对未来工作负责的态度，同时也进一步提高了学生的生活质量，使学生养成了良好的习惯。

严谨踏实，厚积薄发讲奉献

"没有谁的人生会是一帆风顺的，困难来了不要怕，面对它，解决它。我所在的公司几乎每天都有新的问题需要我们去探索和研究。"刚刚参加工作的姜志胜发现公司里的汽缸盖气门导管孔铸造毛坯有缺陷，导致在加工过程中出现了很多废品，给公司造成很大浪费。于是姜志胜潜心研究，提出合理化建议，并从加工工艺上进行改进，最终获得成功，将超过80%的废品变成合格品。一个汽缸盖毛坯价值几千块钱，用他的新工艺挽救了几百个这样的产品，为公司提高了经济效益，而这和他扎实的专业基础是密切相关的。他还撰写了一篇论文《汽缸盖气门导管孔加工精度改进》，这篇论文当时被大连劳动委员会和社会保障学会论文评审委员会评为一等奖。这份荣誉不是轻轻松松就能拿到手的。在校期间姜志胜便写了数篇论文，有了这个基础，才练就了姜志胜日后写论文的得心应手。

姜志胜坚信"机会永远留给有准备的人"。人生并非一路平坦，而正是因为这份严谨和踏实，让姜志胜在大连机车车辆有限公司负责生产的第一线加工中心岗位，从1992年到2000年，负责一线编程和操作工作。姜志胜参与了中国铁路第一次到第四次提速气缸盖的生产，获得了巨大的成功，并在2002年"大连市第一届职业技能大赛"中获得加工中心操作工赛项第一名。姜志胜总结到："前面的知识没有学好，后面就跟不上，基础没有打好，学习'高尖端'就更困难。"作为一个领域的专家，姜志胜有着稳扎稳打的基本功，"有了金刚钻，才敢揽这瓷器活儿"。

作为一名优秀的党员，姜志胜在工作中常常以党员的标准严格要求自己，约束自己的言行，在平凡的工作岗位上严谨求实、兢兢业业，按照"诚实做人、踏实做事"的原则，以饱满的工作热情、务实的工作作风和全体同事一起完成工作任务，赢得领导及同事的肯定。他在本职工作中发挥了积极模范作用，树立了良好的榜样。

作为行业的佼佼者，姜志胜在平凡中用踏实严谨的态度把每一件事情细致化，长年累月的丰富经验使他在工作中遇到问题也可以从容不迫。姜志胜以过硬的专业技术为公司创造出良好的效益，他不仅传承了湖南铁道职业技术学院的"火车头"精神，还时时刻刻影响和带动着万千湖铁学子。

"只要踏实做好每一件事，便是最大的成功。"这是姜志胜的人生信条。他以自己的人生经验勉励在校学子，博学笃志，严谨踏实，方能无愧于青春，无愧于人生，活出生命的光彩。

工匠话匠心

"要在大学刚开始时就设立一个目标，把知识学扎实了、学牢靠了，就业不是问题，学到出类拔萃，就业主动权就在自己手中。"

"检修匠士"周勇：严谨务实 精益求精

工匠简介

周勇：湖南铁道职业技术学院2012届毕业生，现任广铁集团公司长沙机务段制动钳工；入职第二年就在长沙机务段电力机车电工实做技能竞赛中取得了第二名的好成绩；2020年参加第六届全国铁道行业职业技能大赛，荣获制动钳工全能第三名；先后获得"广铁集团技术能手""广铁集团青年岗位能手""全国铁路青年岗位能手""全路技术能手""检修匠士"等称号。

工匠绝学

在 2018 年老工长退休后，年轻的周勇便被提拔为副工长，机车的故障都反馈到他这里。他一边带着班组成员逐个解决故障问题，一边向他们分享自己的经验。团结协作的精神在他们身上得到了很好的彰显。

工匠成长经历

周勇，出生于湖南常德，毕业于湖南铁道职业技术学院。2012 年，他从学校毕业，第二年在参加长沙机务段技能竞赛电力机车电工实做比赛时取得了第二名的好成绩；2020 年，他参加了铁道行业最高级别的比赛——第六届全国铁道行业职业技能大赛，荣获制动钳工全能第三名。自 2012 年参加工作以来，周勇从未停止自己前进的步伐。近年来，他先后获得"广铁集团技术能手""广铁集团青年岗位能手""全国铁路青年岗位能手""全路技术能手""检修匠士"等称号。

学，得认真；玩，得尽兴

"学习的时候认真学，玩的时候尽兴玩"是周勇总结出来的学习经验。在校读书时，他的学习成绩总是名列前茅。在他身上充分体现着湖南人"吃得苦、霸得蛮"的精神。老师对周勇的评价都是"踏实苦学、勤奋刻苦"。

机车制动机是他学习中遇到的一大难题，不同种类的制动阀和复杂的压力值计算容易让人陷入困惑，而周勇一直秉承着多看多实践的原则，绝不轻言放弃，他总是相信在学习中更多的要靠自己后天的努力，没有人天生就是天才。作为电工专业的他，在工作中改换工种转岗制动钳工。离开自己熟悉的领域，从事另一种陌生的工作，势必要付出更多努力。虽然在校期间学过钳工的基本技能，但刚开始转到制动钳工这个岗位的时候，如何将学过的理论运用到实战中去，便是周勇首先遇到的"拦路虎"。周勇也深知现在社会更需要一岗多能型人才，吃老本是走不长远的，必须提高自己的专业水平，唯有苦练方是王道。在前进的道路上，他幸得师傅伍俤指导，师傅的一言一行也更加坚定了他把制动钳工技术学通的决心。

小细节，大安全

铁路工作最讲究严谨，容不得半点马虎，或许不被重视的一个小小的细节，在铁路交通上会酿成一场大的事故。周勇深知细节的重要性，"工作积极，严谨认真，有责任心"成为他在工作中最真实的写照。"把简单的事情做好就是不简单，坚持把平凡的事情做好就是不平凡。所谓成功，就是在平凡中做出不平凡的坚持。"他始终按照自己的信条在平凡的工作岗位上默默耕耘。即便在枯燥的工作中，他也能找到属于自己的快乐，在检修中攻克一个个难题所带来的喜悦是他人难以体验的。

虽说打铁还需自身硬，但周勇也明白团队的重要性。术业有专攻，每个人都有自己擅长的领域，自己不能解决的难题，或许请教一下伙伴便会茅塞顿开。周勇这种勤学好问、工作积极严谨的品质，大伙儿都看在眼里，所以在2018年老工长退休后，年轻的周勇便被提拔为副工长，机车的故障都反馈到他这里。他一边带着班组成员逐个解决故障问题，一边向他们分享自己的经验。团结协作的精神在他们身上得到了很好的彰显。为了提高团队的业务水平、专业能力与合作意识，周勇也在计划出一本钳工方面的书，将自己的专业经验分享给更多的同事，让大家在互相学习中共同进步。

终身学，随时学

周勇在工作期间参加了很多专业领域的比赛，遇到困难时也曾想到过退缩，但领导的鼓励让他重拾信心，心态的转变坚定了他走下去的决心。他说比赛结果并不是最重要的，重要的是他在比赛中能学到更多的技能，同时巩固自己掌握的专业知识。机车检修对专业知识的要求很高，单靠从学校学习中获取到的知识是远远不够的。机车组在不断更新发展，而周勇也在工作实践中不断更新自己的专业知识。为了适应机车发展趋势，学习是永远不能停歇的，专业书籍、互联网、厂家……都是周勇学习的来源。正因如此，他才能确保检修上线的每一辆机车都合格。

"情况是在不断变化的，要使自己的思想适应新的情况，就得不断学习，与时俱进。"周勇也说过，趁着年轻一定要多学一点东西，在人的一生中，学习是永远没有止境的。对于我们来说，学历是一块敲门砖，技术是另一块敲门砖。而周勇作为一名技术人才，已经是专业领域的佼佼者，但他仍然想要提升自己的学历层次，在学历上取得更大的突破，为自己未来的职业发展打下更坚实的基础。

青春最浓厚的底色是奋斗，做什么事情都需要充满责任心与担当，也只有严谨务实，才能做到精益求精。周勇积极努力地工作，严格要求自己，以实际行动诠释了一名优秀的技术人才所具有的使命担当和责任感。

工匠话匠心

"把简单的事情做好就是不简单，坚持把平凡的事情做好就是不平凡。所谓成功，就是在平凡中做出不平凡的坚持。"

"全国五一劳动奖章"获得者张伟：
把基础性工作做深做透

工匠简介

张伟：原株洲铁路电机学校（现湖南铁道职业技术学院）电器专业2000届毕业生，现任中国铁路北京局集团有限公司（简称北京局集团公司）天津机务段检修车间业务指导；2014年参加第四届全国铁道行业职业技能大赛，取得总成绩第三名，并获得"全国技术能手""火车头奖章"等荣誉；2020年获得"全国五一劳动奖章"。

工匠绝学

几年来，张伟先后取得创新成果 25 项。其中，和谐 D2B 型机车电暖器电机技改成果不仅保证了机车正常使用，而且节支近 7 万元，获得了"全国铁路青年科技创新奖"。2015 年年初，该段以张伟名字命名的创新工作室成立。

工匠成长经历

张伟，中共党员，现任北京局集团公司天津机务段检修车间业务指导，曾获"全国劳动模范""全国五一劳动奖章""全国技术能手""火车头奖章""全国铁路青年科技创新奖"等荣誉。

谷雨过后，空气格外清爽。敲开北京局集团公司天津机务段"张伟创新工作室"的房门，戴着黑边眼镜、身穿藏蓝色工作服的张伟笑呵呵地迎了上来。

在这位朴实随和的男子身后，"全国劳动模范""全国五一劳动奖章""全国技术能手"等令人敬仰的奖章、奖状熠熠生辉。究竟是什么让这位平凡的劳动者如此不凡？

"成功的路上并不拥挤，只要想成功，就不要轻易放弃，多坚持一步，就会多一些机会。"张伟这样说道。说话间，他手里还拿着一组电力机车配件，眼睛紧盯着电脑屏幕，正在为"HXD3B 型机车升弓控制电路加装接地开关联锁"攻关项目绞尽脑汁。

正是男儿发奋时

1980 年，张伟出生在河北省沧州市的一个农村家庭。在他幼年时，父母每天起早贪黑地忙碌在田间地头，他要担起照看弟弟的重任。他不仅从父母身上学会了勤劳俭朴，还练就了坚强独立的品格。

张伟说："我从小就喜欢火车，后来跟从事铁路工作的姨妈生活在一起，从言行中就能感受到铁路人的无私和责任感。当时就感觉铁路是一个非常

"全国五一劳动奖章"获得者张伟：把基础性工作做深做透

神圣的行业，要能考上铁路学校多美呀！"有了目标就有了奋斗的动力。初中毕业后，张伟以高分考入原株洲铁路电机学校（现为湖南铁道职业技术学院）电器专业。

张伟从小就对电器情有独钟，中学时代也偏爱物理课。4年的专业学习，不仅让他获得了扎实的基本知识和技能，而且养成了自律自控的学习习惯。

"记得当时教我电器知识的王老师业务技能特别强，但因为他的湖南口音很重，我有时听不懂，就一字不漏地把板书抄下，课后反复琢磨，有不明白的就追着老师问，直到弄懂弄通为止。"张伟笑着回忆在学校时的情景，"我们学校有自己的实习工厂，我一看到电路板和各种模型就两眼放光。正是这些实际操作的练习，给我后来的工作打下了坚实的基础，我非常感谢学校对我的培养。"

宝剑锋从磨砺出

2000年8月，张伟从原株洲铁路电机学校毕业，来到天津机务段检修车间内电组，主要负责检修、维护机车电器线路。

最初，张伟做牵引电机检测、更换电机碳刷等基础工作。这些工作让他觉得"非常简单"，可很快"这个幼稚的想法"就被改变了。

"我在学校学的车型是电力机车，当时段里都是内燃机车，一进车间我就傻眼了。师傅让我把机车旁的测速电机拆下来，送到电配组检修。我围着车转了两圈，愣是没找到测速电机在哪儿，急得满头是汗。"张伟回忆着第一天上班时的场景说道。

为了摸清牵引电机的结构，张伟白天下地沟跟着师傅学本领，经常一干就是几个小时。为了强化学习效果，转子、定子、接线、碳刷……他将各个部件都绘制成简易图，便于熟记。

"火车安全行，全凭技能精。只有平时勤学苦练，做到干一行、爱一行、精一行，才能成为行家里手。"张伟自信满满地说。

那几年，车间、段里只要举办技术比武，张伟就踊跃报名参加，就是想在技术比武中向经验丰富的师傅学习更加精湛的技术。300多种、1000多个型号的机车电器配件，想要学精学透，必须付出比常人更多的努力。一本本厚厚的技师专业书籍被他生生背了下来，检修配件的每个作业环节他都烂熟于心。

2014年6月，他被选拔参加第四届全国铁道行业职业技能大赛。为了迎战如此高规格的比赛，他每天一头扎进机车内，冒着近50℃的高温一练就是几个小时。每次从机车里出来，他浑身被汗水浸透，身上的衣服都能拧出水来。最终在大赛上，他取得了总成绩第三名的优异成绩，并获得"全国技术能手""火车头奖章"等荣誉。

天工人巧日争新

"只要是我检修过的机车，必须保证上线后100%不出问题。我把每一个配件都当成自己的孩子，能够把有故障的配件修复到完好状态，我就很有成就感。"每当提到与工作相关的话题时，张伟的眼神就特别明亮，"刚开始搞技术创新时，目标就是破解工作中遇到的各种技术难题和节约生产成本。"

他的技术创新之路从改进操作工具开始。常规操作工具机轮头手柄过长，用起来不方便，他就在机轮头上焊上一个把儿，大大提高了工作效率。

2008 年，该段配属机车车型增加，既有的试验台无法对多种型号的司机控制器进行检测。针对这个问题，张伟暗下决心要自己动手研究解决。通过重新布线、加装插头等，他研制出能够对 6 种型号的司机控制器进行检测的全能型试验台。

每到冬季，和谐 D2B 型机车电暖器电机故障频发，影响机车的正常使用。为解决这个问题，张伟对故障电暖器进行了"解剖"并反复思考症结所在。"如果给它装个防尘装置，或许就能降低故障率了。"得出此结论后，他便买来防火板材，测量尺寸、锯剪钻孔，制作出电暖器电机定转子防尘罩，装车试验后，电机性能和防尘效果良好。该项技改成果不仅保证了机车正常使用，而且节支近 7 万元，张伟因此获得了"全国铁路青年科技创新奖"。

几年来，张伟先后取得创新成果 25 项。2015 年年初，该段以张伟名字命名的创新工作室成立。工作室成员包括张伟在内共 7 人，他们的主攻方向是内燃机车配件检修与和谐型机车配件自主修。

"爱岗奉献、创新引领——让劳模精神、劳动精神、工匠精神成为时代主旋律。"打开张伟的工作笔记，扉页上工整地写着这样一句话。

万紫千红春满园

2020 年 11 月 24 日，张伟参加了在北京人民大会堂举行的全国劳动模范和先进工作者表彰大会。

光荣属于劳动者，幸福属于劳动者。荣誉的背后是辛苦付出。日常，张伟热衷学习其他站段技术创新榜样的先进事迹，将他们的事迹当作自己开展技术革新的"指导书",让自己的创新思路日渐丰富。

在工作中,他每看到同事皱眉头都会主动上前询问原因,追根溯源摸清设备故障处理过程中的"绊脚石",然后想方设法将"绊脚石"搬走。

如今,张伟在段内主动兼职当起教师,把自己掌握的技术传授给身边的青年职工。刘子源就是这些青年职工中的一员。刘子源说:"我刚开始从事机车检修工作时,对电器部件不熟悉,动作做不到位,胳膊和腿上经常碰得青一块紫一块;焊接电路时手容易抖,导致焊出来的电路歪歪扭扭。张伟老师不断给我讲解技术要领和操作方法,使我的技艺很快得到提高。"

有一次,中国国家铁路集团有限公司举办技能大赛,北京局集团公司有5名选手参加比赛,张伟被选为机车电工组总教练。集训期间,他白天手把手教选手们故障排除方法和电工基本技能,晚上熬夜编写模拟题。发现选手情绪波动,张伟一次次和他们谈心。那次比赛,北京局集团公司获得团体第二名的好成绩。除了让年轻人在工作中迅速成长,张伟还注重培养他们的职业认同感,让他们干一行爱一行。

"张伟创新工作室"与该段技术科联合举办"和谐大讲堂",每期设定一个主题,主要讲解和谐 D2B 型机车、和谐 D3B 型机车、制动系统等知识。每名听课的青年职工都将讲堂所学应用到一线作业中,再把一线作业中遇到的问题带回讲堂与其他学员共同探讨解决。这几年,许多人的笔记攒了厚厚一摞,大家都成为"和谐大讲堂"的受益者。

"只有对自己从事的职业有了充分认同,才能够全身心投入。任何一项科技进步都需要长时间踏踏实实地去做很多基础性工作,只有把这些基础性工作做深做透,才能实现质的飞越。"张伟说。

"全国五一劳动奖章"获得者张伟:把基础性工作做深做透

精于工、匠于心、品于行,张伟在平凡岗位上持续进行技术创新实践,展现了铁路产业工人的风采。

工匠话匠心

"火车安全行,全凭技能精。只有平时勤学苦练,做到干一行、爱一行、精一行,才能成为行家里手。""任何一项科技进步都需要长时间踏踏实实地去做很多基础性工作,只有把这些基础性工作做深做透,才能实现质的飞越。"

第三篇

一丝不苟

一丝不苟是指办事认真，连最细微的地方也不敢马虎。作为通向精益求精的必要路径，一丝不苟主要体现在始终严格遵守工作规范和质量标准、兢兢业业做事、一板一眼工作、把每个操作要求和工作步骤都落实到位、不投机取巧、不寻求"捷径"、不敷衍了事、不放过任何一个细节和细微之处、确保操作结果符合标准甚至高于标准、没有瑕疵、不留缺憾。

高铁工匠盛金龙，3个月内锉了7000片钥匙，锉刀用坏40把，终于练就蒙眼配钥匙的绝活，走上了央视"挑战不可能"的舞台。"火车头奖章"获得者李东宇每天晚上要检修4个车组、64个转向架、弯腰下蹲600多次、手摸1500多次、口呼手指3000多次。"青年岗位能手"刘伟在设备巡视整治期间，对每一根电杆、每一件设备仔细观察有无缺陷，并记录下每根电杆的种类、每台设备的型号，作为检修时的第一手资料。还有"最美青工"高爱明、"火车头奖章"获得者聂睿、"业务专家"殷古佳、勇做基层排头兵的蒋敏、"全国技术能手"顾若晨、"修脚医生"董笛郁、"女指挥官"周利娟，他们始终秉持一丝不苟的匠心理念，弘扬精雕细琢、精益求精的工匠精神，始终坚持高标准、严要求，坚持"精细化的工作态度"，走上了"技能成才、技能报国之路"。

"挑战不可能"的盛金龙：厚积薄发，匠心筑梦

工匠简介

盛金龙：湖南铁道职业技术学院机电一体化专业2006届毕业生，现任中车株机公司设备维修工；曾获中车电机"劳动模范""最美高铁工人"等称号；2016年参加了中央电视台的《挑战不可能》，蒙眼配钥匙挑战成功；2017年获得了"株洲市五一劳动奖章""中国中车高铁工匠""杰出青年岗位能手"等荣誉。

"挑战不可能"的盛金龙：厚积薄发，匠心筑梦

工匠绝学

2016年，盛金龙参加了中央电视台的《挑战不可能》，"蒙眼配钥匙"挑战成功。他在央视舞台上连闯三关，耗时约105秒，向全国人民展示了高铁工人精湛的技艺和坚韧的精神风貌。在上海大世界吉尼斯纪录的一次节目录制中，他又成功突破自我，以33秒完成锉钥匙并开锁的成绩，创造了中国之最。

工匠成长经历

"我相信天道酬勤，别人行的，我也一定能行……"带着金边眼镜，穿着一套灰白工装的盛金龙在容纳了近300人的学术报告厅与学生分享自己的人生故事。

盛金龙，湖南铁道职业技术学院机电一体化2006届毕业生，现任中车株机公司设备牵引变压器事业部维修钳工，是中车技能专家、株洲市技能领军人才、金蓝领工作室领衔技师。他曾获得过"中车高铁工匠""杰出青年岗位能手""株洲市五一劳动奖章""中车劳动模范""工匠员工""最美高铁工人"等荣誉。2016年，他参加了中央电视台的《挑战不可能》，"蒙眼配钥匙"挑战成功。

"改善和创新是从基础开始的"

身高1.85米的盛金龙，是地道的株洲人。2003年，21岁的盛金龙从中专毕业后，参加了成人高考，进入湖南铁道职业技术学院机电一体化专业031班学习。

他白天工作，晚上和周末上课。"一个班有四五十个人，大家都学习目的明确，非常用功……"盛金龙回忆，在电工基础课上，当年还有同学将家里坏了的电饭煲带到课堂请教老师，自己琢磨了半天修不好的电饭煲最后

发现只要换一个价值5元的温度开关里的零件就搞定了，很神奇。"老师将理论与实践相结合，解决生活中的实际问题，这样的课堂挺有趣。"盛金龙笑着说。

让盛金龙感触最深的是，作为学生，学知识时把基础知识掌握好尤其重要。他认为，"改善和创新是从基础开始的"，尤其在工作中，有些基础知识看似简单，但在关键时刻是非常有用的。

前段时间，在盛金龙工作的车间，一个大块头的液压设备突然罢工，经检查发现，原来是设备传动轴断裂了。一般人可能会想，既然是轴断了，那就把轴加粗或者换新的，而细心的盛金龙则认为换轴并不是解决问题的根本方法。

"传动轴的断开不仅是工艺问题，传动轴颈部很薄弱，再加上受力太过集中，造成了二次伤害，严重削弱了传动轴的承载能力。"盛金龙通过受力分析，全面考虑轴需要承受的重载、电流保护、超负荷等问题，提出一个改进办法，即在键槽与退刀槽之间预留20毫米的间隙，使原本需花费近8000元换减速机才能解决的轴断裂的问题，现在花50元就解决了，大大节约了公司成本。

盛金龙坦言，如果他没有在学校里学习"工程力学""材料力学"等课程，也许这个问题他就发现不了，更加解决不了。他在课堂上也总是对学生们说："多读点书总是好的，不要等到'书到用时方恨少'，那就晚了，灵感的迸发不是无缘无故的，而是建立在扎实的功底和深厚的基础上的。"

"挑战不可能"的盛金龙：厚积薄发，匠心筑梦

"机会是留给有准备的人的"

2010年，28岁的盛金龙进入了中车株机公司风电事业部维修班工作，他被安排到了维修岗位。设备一旦出现问题，产品质量和交期必定受影响，深感责任重大的他，凭着一股韧劲，自学、拜师，仅半年就能独立上岗，然后逐渐挑起了大梁。

然而事情并不如想象中的一帆风顺。2010年，公司举办了第一届员工技能大赛，在锉钥匙比赛项目中，盛金龙首轮就遭淘汰出局。这一打击使盛金龙觉得非常难堪，十分羞愧，"从那时候起，我发誓一定要发狠练，要证明给所有人看，别人能做成的事，我盛金龙也能做到……"凭着一股子不服输的劲，他主动向公司技术技能专家马建成求教，慢慢领悟技巧，私下勤学苦练，默默开始了长达四年的锉配钥匙训练。

2014年，株洲市举行首届《技能天下》职业技能电视大赛，邀请了许多来自一线的技能高手给观众展示绝技绝活，盛金龙所在的中车株机公司锉配钥匙团队也是其中之一。然而在节目录播前一个星期，他们被节目组告知原本邀请的11个人的团队，现在只能让3人上台展示。因此，公司临时决定进行比赛，前三名可代表公司上台表演。有着四年多苦练基础的盛金龙，在这次比赛中，轻松一举夺魁，成功在电视荧幕前崭露头角，且一发不可收拾。

盛金龙说："别人前一个星期才开始苦练，而我早就修炼了四年的基本功，机会永远留给有准备的人……"深知成功没有捷径，盛金龙在练习锉配钥匙的路上，一直一丝不苟，从不懈怠。一开始，他一天锉10把钥匙，每一把钥匙锉完，都用机器对比测量，误差不能超过0.01毫米。后来，他越

练越纯熟，一天锉 100 把钥匙都不是问题。

在盛金龙看来，练习锉配钥匙，是一件枯燥的事儿，很多人都受不了，所以放弃了，但他有股子"狠劲"，就坚持了下来。因为他的坚持，他在机会来临时不畏缩、不退却，牢牢抓住；也因为他的坚持，让他成为行业的引领者、工匠的传承者。

直到现在，盛金龙依旧以饥渴者的姿态对待工作、对待比赛，时刻做好上"战场"的准备。

"敢于挑战，就没有不可能"

参加省市各项技能大赛，"鸡蛋钻孔""蒙眼配钥匙"等绝技让盛金龙有了名气。2016 年 4 月底，央视节目组联系到盛金龙，邀请他挑战"蒙眼配钥匙"这个高难度的任务。

接到任务的盛金龙开启了为期 3 个月"闭关修炼"。在这 3 个月里，他锉了 7000 片钥匙，锉刀用坏了 40 余把。"钳工讲究的是慢工出细活，训练需要很大的耐心，既要拼精准，又要拼速度，还要蒙眼，对我的挑战非常大。"盛金龙说他在蒙住眼睛训练的时，全靠手感知测算钥匙尺寸，时间长了，手指都全磨破了。

任何一项技能绝不是蛮干、苦干就行的，需要巧干才行。盛金龙边训练，边摸索、总结技巧和诀窍。他买了市场上几乎所有类型的挂锁，逐个拆开研究，分析它们的结构，探究其规律，然后将各种齿形钥匙通过测量、统计分析，建立数学模型，以便记忆和换算，随后逐个试验，检验想法和做法是否正确。

"挑战不可能"的盛金龙：厚积薄发，匠心筑梦

"如果锉的钥匙打不开锁，我就拿原装的比较一下，看看到底问题出在哪里；如果锉出来的钥匙能打开锁，我再稍微给它们的齿多锉掉一点，看看是否会效果更好或者更差……"

就这样，通过一遍又一遍的勤学苦练，盛金龙在央视舞台上连闯三关，耗时约 105 秒，成功完成了挑战，向全国人民展示了高铁工人精湛的技艺和坚韧的精神风貌。在上海大世界吉尼斯纪录的一次节目录制中，他又成功突破自我，以 33 秒完成锉钥匙并开锁的成绩，创造了中国之最。

"敢于挑战，就没有不可能！"在盛金龙看来，挑战带给了他压力，更带给了他动力。一次次的迎难而上，一次次的突破自我，带给他的都是满满的成就感。

在学习的道路上，盛金龙也从未停止过前进的脚步。他每天都坚持学习，他始终坚信"不学就落后，就挨打"。如今的盛金龙练就了一身的本领，他从不能流畅地写一篇文章到现在每年在学术网站上发表两三篇论文；从站起来回答问题都会紧张到抖腿到现在能够在近千人的讲座上侃侃而谈；从趣味比赛第一轮出局到现在成为保持吉尼斯纪录的大国工匠……

"工匠是精益求精，追求完美，差一点都不行。""工匠是奉献，是责任，是机车上那颗永不生锈的螺丝钉。""工匠是担当，是不畏艰辛，永不止步，在持续超越中不断进取。"盛金龙把自己定位为最平凡岗位上最普通的劳动者，他把"工匠"二字深刻骨髓，更是把工匠精神内化于心，外化于行，不忘初心，苦练内功，精益求精，厚积薄发，以自己的行动阐释着一名高铁工人的价值和责任。

工匠话匠心

"工匠是精益求精,追求完美,差一点都不行。""工匠是奉献,是责任,是机车上那颗永不生锈的螺丝钉。""工匠是担当,是不畏艰辛,永不止步,在持续超越中不断进取。"

"专业大师"李东宇：百炼成钢，不负韶华

工匠简介

李东宇：湖南铁道职业技术学院电气化铁道技术（动车组方向）专业2015届毕业生，现任兰州车辆段动车组一级修地勤机械师，曾获"2017年度甘肃省技术标兵"、"2017年度兰州车辆段专业大师"、2018年全路动车组机械师职业技能竞赛CRH5A车型第一名等荣誉，还被评为"全路技术能手""全路青年岗位能手"，并荣获铁路系统最高荣誉——火车头奖章。

工匠绝学

工作中的李东宇，精益求精、一丝不苟，多次发现走行部存在的隐患故障并及时处置，杜绝了动车组带故障上线运行；他在全路动车组机械师职业技能竞赛中，获得 CRH5A 车型第一名、个人全能第一名。

工匠成长经历

在 2018 年全路动车组机械师职业技能竞赛中，湖南铁道职业技术学院电气化铁道技术（动车组方向）专业毕业生李东宇一举夺魁，获得 CRH5A 车型第一名、个人全能第一名的好成绩。同年，这个年仅 24 岁的小伙子还取得了铁路系统最高荣誉——火车头奖章。

勤奋刻苦，夯实基础

2012 年 9 月，不满 18 岁的李东宇成为湖南铁道职业技术学院一名新生，就读于动车专业 123 班。担任学习委员的李东宇非常自律，对自己要求很严格，业余时间经常泡在实训室，常向老师请教和探讨专业知识。动车专业的老师们至今对李东宇的印象都非常深刻，"勤奋扎实、刻苦努力、腼腆低调"是老师们对他的共同评价。

在学校时李东宇就是老师的课程助手，他牵头建设了铁道博览馆课程网站，开发了多个课程资源。通过三年的学习，他不仅打下了良好的专业基础，其表达能力、自学能力也有了迅猛提高，这也为他之后在单位的工作夯实了基础。

初出茅庐，追逐梦想

2015 年 8 月，李东宇进入了兰州车辆段工作，学校的教育让他喜欢上了动车组，梦想着成为一名动车人。2017 年年初，他如愿以偿地取得了原中国铁路总公司颁发的高速铁路岗位培训合格证书，成为一名真正的"动车人"。初出茅庐的李东宇，将自己在学校学到的理论知识与在动车所里学到的实践技能良好地结合起来，经过反复练习、不断记忆，最终顺利通过定岗考试，成为一名合格的动车组一级修地勤机械师。

李东宇说："作为动车组一级修地勤机械师，我们就是生命的守护神。每一列上线动车组、二级检修及临修动车组出库前都要进行一级检修作业，一级检修作业是保障动车组运行安全和旅客生命财产安全的一道重要关卡，不容许有任何的漏检、漏修。"

在业余时间，李东宇不断地学习铁路技术管理规程、动车组运用检修规则、总公司下发的文件及作业指导书等各项规章制度，并积极向老师傅请教，学习作业技巧，掌握作业流程和作业标准。

李东宇每天晚上要检修四组车，64个转向架，弯腰下蹲六百多次，手摸一千五百多处，口呼手指三千多次。面对繁重的工作任务，他并没有忘记学习。为了更好地在检修工作中强化理论、巩固技能、总结经验，他的书包第一层里一直带着业务学习笔记本和一些制度文件，以便随时将工作中的遇到的问题及心得记录下来。

李东宇深信"幸福都是奋斗出来的"。作为新时代的奋斗者，需要在辛勤劳动、务实苦干中不断提升自身素质，不断增强创造和享受幸福的能力。

锲而不舍，久久为功

通过大量的学习和实践，工作中的李东宇，精益求精、一丝不苟，多次发现走行部存在的隐患故障并及时处置，杜绝了动车组带故障上线运行。在一次检修作业中，李东宇发现动车组蓄电池箱裙板处有异常，他清理掉杂质，发现裙板下沿处被腐蚀出了近 50 毫米的缝隙，他立即向工长报告，经过值班所长和厂家的确认后，更换了这块有脱开风险的裙板，杜绝了动车组带故障上线运行。他还在作业中发现动车组车端跨线盒有一颗螺栓丢失，及时进行了补装处理，有效防止了一起危及行车安全的故障。

功夫不负有心人，不懈奋斗终于迎来了收获的幸福。李东宇获得了"2017 年度甘肃省技术标兵""2017 年度兰州车辆段专业大师"等荣誉称号，在 2018 年度原中国铁路总公司动车组机械师职业技能竞赛决赛中更是力战群雄，他所在的代表兰州局集团公司参赛的队伍获得了团体第七名及本次竞赛唯一项道德风尚奖。同时他也取得了个人全能第一名的好成绩，并被评为"全路技术能手""全路青年岗位能手"，荣获铁路系统最高荣誉——火车头奖章。

工匠话匠心

"无论从事什么行业，都要始终保持一种精益求精的工匠精神，不浮躁，不骄傲，在完成工作任务的基础上，更加考究细节工作的完善，旨在将细节之美展现得淋漓尽致，而所做的这一切，只为恪守一种执着、专注的行业职责。"

"最美青工"高爱明：钢轨上的"吉普赛女孩"

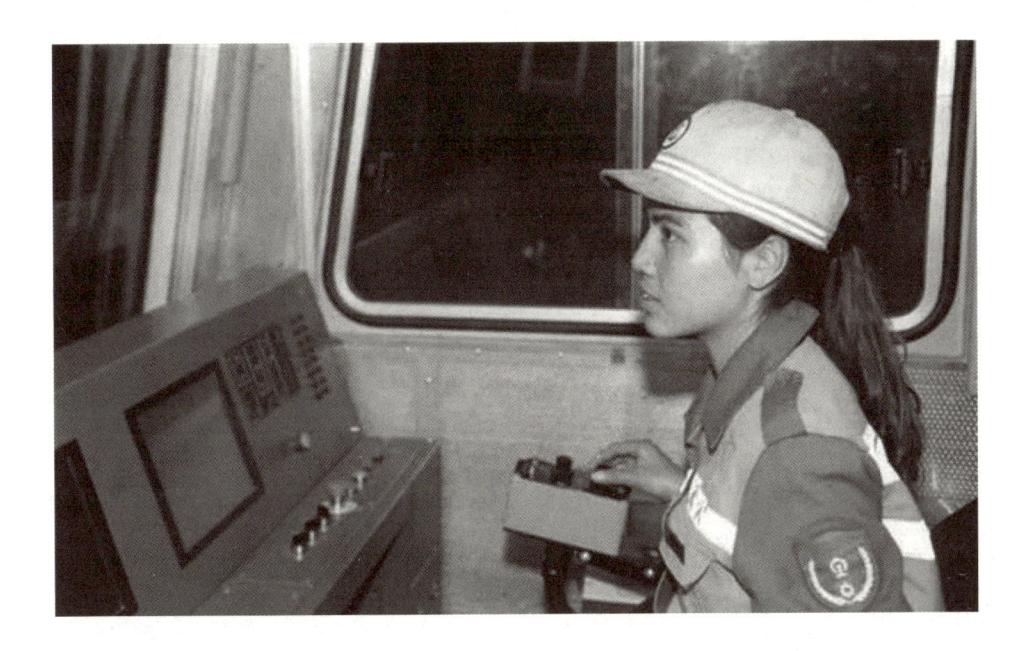

工匠简介

高爱明：湖南铁道职业技术学院机械制造及自动化专业2012届毕业生，现任昆明铁路集团公司昆明工务机械段大型养路机械司机；获得了昆明铁路局"优秀共青团员"、第九届"十佳青年"、"全国青年岗位能手"、"全国最美青工"等荣誉称号。

工匠绝学

价值上亿元、重达几十吨的"钢铁巨无霸"在昆明铁路局"90后"大型养路机械女司机高爱明的指挥下，灵活地进行清筛、捣固等大修施工作业。几年来，她共完成铁道线捣固作业2000余公里。

工匠成长经历

2012年，高爱明从湖南铁道职业技术学院机制093班毕业，成为昆明铁路局昆明工务机械段一名大型养路机械（简称"大机"）司机。参加工作两年，高爱明就已经收获了2012—2013年度昆明铁路局"三八红旗手"、2013年度段"先进女职工"、2013—2014年度段刊封面人物、2014年度昆明铁路局"优秀共青团员"、2015年"全国最美青工"、2016年"全国青年岗位能手"等众多荣誉，展现了新时期"大机"青年的良好精神风貌。几年来，她跟着"大机"辗转广西、云南等地，完成铁道线捣固作业2000余公里。凭着坚韧与执着，长年累月地把青春和汗水奉献在钢轨上，她被同事们戏称为轨道上的"吉普赛人"。

在我的字典里没有"娇惯"二字

"我是农村来的孩子，在我的字典里没有'娇惯'二字。"高爱明总是把自己对工作的热爱和珍惜宣之于口，并付诸行动。于是，她的青春有了精彩的三级跳远式的成长。

高爱明出生于湖南省益阳市安化县高明乡适龙村。从小，她的梦想就是走出大山，寻找一条和农耕生活不一样的道路。经过不懈的寒窗苦读，2009年，高爱明收到了湖南铁道职业技术学院的录取通知书。走出大山的她爱上了自己选择的学校和专业。为了让自己毕业时多一个脱颖而出的机会，无数个周末及夜晚，她都把自己关在教室或图书馆里学习。仅仅两年的时间，高

"最美青工"高爱明：钢轨上的"吉普赛女孩"

爱明便完成了本科自学考试的全部课程。也正是凭着这股钻劲儿，2012年，她以优异的成绩顺利取得了本科文凭，并顺利通过昆明铁路局的招聘面试，如愿以偿地迈入了"铁门"，实现了自己青春岁月的第一级跳。

2012年7月，从湖南铁道职业技术学院毕业来到云南后，高爱明带着期待来到了昆明工务机械段。"在我看来只要男孩子可以干的活儿，我也可以，做任何事情，只要肯吃苦、用心、用情，就可以做好。"一说话就露出一脸笑意的高爱明把自己不服输的劲头儿用在了钻研业务上，参加工作3年，她已能熟练操作不同型号的铁路大型捣固机械。凭着让男性同行们都佩服得竖起大拇指的娴熟业务技能，在全国铁路系统大型养路机械司机统一取证考试中，高爱明从来自全国18个铁路局（公司）的300多名同事中脱颖而出，成为全路目前屈指可数的"90后"大型养路机械女司机。2014年，她又成功晋升为大型养路机械车组负责人。短短两年，她跳出了青春洋溢的第二级跳。

参加工作5年以来，高爱明获得了众多荣誉：2012—2013年度昆明铁路局"三八红旗手"、2014年度昆明铁路局"优秀共青团员"、2015年"全国最美青工"、2016年"全国青年岗位能手"……她在鲜花和掌声的陪伴下迈出了青春飞扬的第三级跳。

几年来，凭着自己娴熟的业务技能和不服输的钻劲，高爱明坚守岗位，默默奉献，用青春为昆明铁路局大修工作增添着不一样的亮色。

但凡有钢轨的地方就是工作的地方

轰隆隆……，一台"大机"正缓缓挪动，对铁道线路进行捣固，镐头不断抬升、插入、移动……，而驾驭这台重达70吨的"大机"的，正是昆明铁路局昆明工务机械段的"大机"女司机——高爱明。

一身"黄马褂",嘴里呼着热气,在巨大轰鸣声中,高爱明双眼紧盯着飞速运转的机器和仪表盘,干练而大气。站在一旁的记者,甚至能感受到作业中镐头与石砟碰撞摩擦散发的热度。

大多数旅客对普通列车和高铁都不陌生,但很少见到和关注另一种"列车":它们通身涂着显眼的黄色,出没在偏僻的小站或新建的铁道线上。这就是被铁路人称作"大机"的大型机械化铁路养护设备,其使命是修复老旧或出现问题的钢轨,让它们符合安全运营标准。

平日里,高爱明总被同事称作男人堆里的"女汉子"。她和其他男同事一样,工作到哪儿就住到哪儿。20多米长的作业车,依次连挂着他们的餐车和宿营车。

"我的工作没有笔挺潇洒的制服,也不像其他女职工在上班时可以穿光鲜亮丽的衣服。但凡有钢轨的地方就是我工作的地方,一个月只能回昆明七天,其他三周时间就都得在郊外的宿营车上过夜了。"在不断重复开捣固车到作业点、操作设备、维修和保养的外出作业中,高爱明习惯并热爱上了这份工作。

"平时在线路上,我们是能开车的司机。在进行线路养护作业时,我们就是操作手。回到检修车间,我们就变成了'大医生'。车早就成我们的伙伴了,坏了如何修都得心里有数,得把它照顾好了,这样作业效率才能有保障。"作业间隙,高爱明没顾上多休息,就又趴到"大机"车底检查了起来。

高爱明说:"谁都知道铁路线路只有保持完好状态,才能使列车按规定的最高运行速度安全、平稳和不间断地运行。但不一定谁都清楚在高速、平稳、不间断的背后是无数铁路人默默的奉献，这其中就有我们的'大机'司机。"

机甲女战士的"铁甲传奇"

"付出努力不一定会成功，但是，不努力就一定不会成功。"高爱明经常用来勉励自己的这句话，显露出这个姑娘柔弱的身体里藏着一颗坚强的心。

刚参加工作，高爱明就接到了参与修建玉蒙铁路的任务。新线建设比既有线施工更辛苦，线路设施条件差，工作时间长。早上六七时出发、披星戴月回到宿营车，是她的工作常态。作为实习生，她白天追着师傅学，晚上捧着书本看，别人下班休息的时候，她却拿着电路图纸认真思考。她所在的车间每天往返于工地与宿营车驻地乘车要花三个多小时，有的一起参加工作的同事上车就睡觉，但这个姑娘时刻提醒自己工作机会来之不易，于是每天往返的轨道车厢就成了她的移动课堂。一年里，她利用所有能利用的时间自学了大型养路机械司机从业资格证考试的全部课程，并一次性通过了全国铁路系统大型养路机械司机统一取证考试。从此，飞扬的尘土、嘈杂的机械轰鸣常伴其左右。

"线路两根轨枕之间的距离不到 40 公分（1 公分=1 厘米），捣固机在作业过程中误差不能超过 5 公分，机器运行过程中难度更大，需要反复练习。"高爱明说，捣固机是进行铁道线路维修保养的重要设备之一，操作大型养路机械需要掌握机械、电路、数学等各专业的知识，操作中要做到人机合一，遇到设备故障能及时排除，这些都需要过硬的技能。"女孩子对机械本来就不敏感，可笨人有笨办法，我多学多练，别人练一次我就练十次、百次，一定能做好。"

2014年3月，刻苦努力的高爱明被任命为大型养路机械车组负责人。肩上责任更重了，"设备保安全"成了高爱明扛起重任的座右铭。面对所在车间设备多、种类多的实际情况，高爱明努力学习，认真实践，出色地完成了从一名大机司机到车组负责人的转变。

在2014年全局大型养路机械年检工作中，高爱明被选拔为全段最年轻的大机电气技术骨干小组成员，对全段养路机械设备电气系统存在的技术难题进行科技攻关。在年检过程中，针对日常工作中自己所操作的09-32型捣固机抄平小车锁闭装置存在高速运行中掉落钢轨的行车安全隐患，高爱明认真比对原厂图纸，多方查找资料后对抄平小车进行了技术改造，彻底消除了大型养路机械在高速运行中抄平小车假锁闭掉至钢轨的严重行车安全隐患。

在远离城市的铁道线上，价值上亿元、重达几十吨的"钢铁巨无霸"在昆明铁路局"90后"大型养路机械女司机高爱明的指挥下，灵活地进行清筛、捣固等大修施工作业。大型养路机械所到之处，线路设备焕然一新。个子中等、身材瘦削的高爱明是这些"钢铁巨无霸"的灵魂，她像机甲女战士一般用女性的刚柔并济书写着属于自己的"铁甲传奇"。

工匠话匠心

"当我们决定做某一件事时，就应该用最真诚的心去对待它。以无限的热情去担当工作中的每件事；要严格按照岗位职责标准，从细枝末节处一点一滴地做实做稳，始终保持谦虚谨慎、不骄不躁、艰苦奋斗的工作作风。"

"尼红奖章"获得者刘伟：在竞赛中成长

工匠简介

刘伟：电气化铁道技术（供电方向）专业2014届毕业生；现任广铁集团公司衡阳供电段（原长沙供电段）永州电力车间电力线路工；2015年度获得广铁集团公司供电系统"双创"杯新入路职业技能竞赛电力线路工全能第二名，被广铁集团公司授予"青年岗位能手"称号；2018年被全国铁道团委授予"尼红奖章"。

工匠绝学

在整个春运期间，刘伟巡视电力线路 300 余公里，发现安全隐患 3 处，防止了 3 起设备故障的发生，为保证管内春运供电安全做出了重要贡献。

工匠成长经历

在广铁集团公司衡阳供电段（原长沙供电段）永州电力车间，有一位不怎么引人注目的"90 后"小伙子，然而一旦大家说起他的名字，无不交口称赞，他就是永州电力车间团支部书记、白仓电力配电工区电力线路工——刘伟，一位工作仅五年，却用自己的青春、智慧和汗水在电力线路工这个平凡的岗位上，干出了不平凡的业绩的普通工人。

求学：牢固基础

2011 年高中毕业，原本想去参军的刘伟，选择报考了湖南铁道职业技术学院并被录取，进入电气化铁道技术（供电方向）专业进行学习。在参加了第一次铁路接触网及变电所现场观摩学习之后，他对铁道供电产生了浓厚的兴趣，从此学习更加积极主动，经常到图书馆或上网查阅相关资料，了解当前铁路供电发展趋势，学习专业知识。每次实训课，他都会提前到教室帮老师拿实训工具材料，实训结束后帮忙收拾整理，并趁此机会多跟老师交流学习。邓缬老师以前在铁路上工作过，后来来到学校教学，经验丰富，知识渊博，经常在课后向刘伟传授知识，这使刘伟成长很快，专业综合成绩排名第一。

三年大学生活，前两年在学校学习，最后一年学校安排刘伟到广铁集团公司衡阳供电段（原长沙供电段）永州电力车间实习。刘伟回忆道："这一年我学到了很多，感谢学校给了我这么好的一次实习机会，感谢各位老师传授我很多知识，让我前期在学校所学的知识可以有效地与现场实际情况结合，更好地去发现问题、解决问题。"

入门：勤学苦练

2014 年 7 月，刘伟从湖南铁道职业技术学院毕业，应聘到广铁集团公司衡阳供电段（原长沙供电段）永州电力车间工作，成为一名电力线路工。为了使新入职职工尽快进入角色、熟悉并适应工作，车间组织他们进行了为期一个月的集中技能培训。"莫道君行早，更有早行人。"为了快速掌握基本技能，在短短的一个月的培训期间，刘伟每天比别人提前半个小时起床，提前到车间练兵场熟悉环境、电杆、设备等情况，抓紧时间多学习、提高学习效率。他每次都是第一个到达训练场地，最后一个收拾工具、材料离开场地的。练习中，刘伟有什么不懂的地方就会问师傅，对每一个有疑惑的问题总是喜欢多问一个为什么，有时候师傅都不知道该怎么来回答了，因此师傅说他学劲儿十足。一起训练的有十多个人，别人训练完之后一般都会找个阴凉的地方纳凉休息，但他在训练完后从不休息，而是顶着火辣辣的太阳，仔细观看别人是怎么做的，以便找到自己的不足之处，并加以学习改进。伙伴们都说，他在学习的道路上"着了魔"。

经过一个月的扎实苦练，2014 年 9 月，车间集中修工作全面铺开，又是三个月在实际工作中的摸索学习。由于刘伟的学习扎实，所以他的个人业务水平提升很快。在 2015 年春运工作中，作为新职工，刘伟主动请缨留守工区。春运期间，他坚守岗位，每天认真履行工作职责，对工区管内重点负荷设备进行巡视、测量、检查。同时，他严格按照段内的要求，积极参加春运期间每 10 天一次的全覆盖电力贯通线路设备巡视。在整个春运期间，他巡视电力线路 300 余公里，发现安全隐患 3 处，防止了 3 起设备故障的发生，为保证管内春运供电安全做出了重要贡献。因此，他获得了全国铁道团委授予的"春运立功竞赛优秀个人"表彰。

作业：标准示范

集中修的主要内容就是对管内所有线路、设备进行一次全面的检查、维护，以保证设备在春运期间正常、安全地供电。工区管辖的电力线路大部分在山区，这给检修带来了极大的困难。而工区老师傅较多，每次跟老师傅们分在一组进行作业，当遇到山上、坡道难行的地段时，刘伟总是笑着说："师傅，让我来吧，我年轻，多锻炼一下。"有些设备在山顶上，根本没有路可走，很容易被人忽视。但这些设备往往隐患最多，又不易被发现，易造成事故。于是，刘伟就主动沿着设备方向用刀开路上去检查。工长统计数据发现，每年集中修下来，刘伟检修设备的总数是最多的，发现的问题缺陷也是最多的。

作为一名电力线路工，经常会站在十几米高的电杆上作业，有时可能一站就长达数小时，时间久了，人往往会手抖、脚麻、思想不集中，因此安全防护显得尤为重要。刘伟深刻地意识到：安全面前无小事，要想安全生产就必须按照标准化作业。每次出工，他都佩戴整齐，严格执行标准化作业流程，检查每一件工具及防护用品，同时还会时刻警醒身边的工友。记得有一次设备检修时，因天气炎热，一个小伙伴想摘掉安全帽作业，但被他及时制止了。

在岗：默默奉献

2015 年春季设备巡视整治期间，由于需要对管内所有区间线路的每根电杆、每件设备进行巡视检查、摄像工作，但管内从永州到邵阳有七百多根

"尼红奖章"获得者刘伟：在竞赛中成长

电杆，且大部分电杆分布在山区，山路崎岖难行，因此大家都不太愿意去接受这项任务。而刘伟却抢着要去，他认为这是一个很好的学习机会，可以更好地掌握工区线路设备的分布情况。一步一个脚印，他对每一根电杆、每一件设备仔细观察有无缺陷，回来后及时整理资料，并在自己的本子上记录下每根电杆的种类，以及隔离开关、变压器等设备的型号、规格和分布情况等各类数据资料，以便检修设备或故障处理时作为第一手资料，可大大提高工作效率。

2016年冬季，刘伟与车间其他小伙伴按照冬季设备整治的要求，对管内重点设备进行巡视、测量、检查、维护。为抢在春运之前按时完成任务，保证春运期间安全优质供电，他按照计划，坚决完成了任务。有一次出去巡视遇到下雨，小伙伴劝他停下来躲雨，为了保证进度，刘伟带头冒雨继续巡视前行。一个冬季下来，他们对管内全部设备进行了一次全面的排查，保证了春运期间的安全供电，实现了零事故的目标。

刘伟的家在衡阳，上班在永州，两地仅隔半天的路程，但他每个月才回家一次，有时甚至更久才回家一次。他把更多的时间奉献给了铁路，2017年春运更是主动请缨参加了支援春运临客值乘工作。

学习：永不止步

日常工作之余，刘伟喜欢看书学习，除看专业书籍以提高业务能力外，他还喜欢阅读党委、关工委及团委举办的各类读书活动推荐的书籍。2016年，刘伟第一次参加读书活动，阅读的是《我们的价值观》一书。"最美乡村医生"安福久，在地处偏远、气候环境恶劣、交通极其不便的内蒙古沙漠边缘嘎查卫生所，三十年如一日，以一个医生的天职无微不至地守护着农牧民的健康；革命烈士车耀先，为了国家的前途命运、人民的自由幸福，背井离乡，不计名利，不图享受，不怕严刑拷打，不怕流血牺牲，为革命事业献出了宝贵的生命；"导弹之父"钱学森，身在美国，功成名就，却克服阻挠，艰难归国，耗尽毕生心力，为祖国做出了巨大的贡献。他们用有限的生命演绎无限的事业，使刘伟感触颇多，也更加懂得了什么叫作爱国、爱岗、敬业，也明白了什么叫作责任，安全供电责任大于一切。此次读书活动使刘伟收获很多，他积极地与身边的同事分享心得，不仅带动他们去阅读学习，而且取得了不错的效果，同时他还获得了此次读书活动"先进个人"的表彰。

当今铁路飞速发展，新设备、新技术不断投入，从内燃机车到电力机车，再到磁悬浮列车；从绿皮车到快速列车、和谐号，再到现在的复兴号，中国铁路已经走向世界，中国高铁已经成为享誉世界的"中国名片"。2018年6月8日，国家主席习近平与俄罗斯总统普京共同乘坐高铁前往天津，出席中俄友好交流活动，从这可以看出中国高铁的战略地位越来越重要。身处这样一个发展环境中，刘伟觉得，只有不断学习，提高自身文化、技术水平，才能适应当下飞速发展的社会。抱着对知识的渴望，刘伟报考了西南交通大学远程与继续教育学院的专升本考试，继续学习电气化工程及其自动化专业知识，以提高自身学历及文化知识水平，适应当下发展的需要。

绽放：在竞赛中成长

平时工作中标准作业，工作之余，刘伟喜欢看书，尤其是专业书籍，他常常一头扎进书海中就是一整天，如果周末休息两天，他就可以一天坚持看10个小时的书。爱迪生说过一句话：天才是1%的灵感加99%的汗水。功夫不负有心人，在2015年度广铁集团公司供电系统"双创"杯新入路职业技能竞赛中，他获得了电力线路工全能第二名的成绩，并代表广铁集团公司参加了中国国家铁路集团有限公司的竞赛，同年被集团公司授予"青年岗位能手"称号。同时，刘伟作为车间团支部书记，有序开展支部工作，定期组织团员进行岗位练兵、学习业务。3年来，车间团员中有2人先后在段级大学生比武中获得名次，并代表衡阳供电段参加广铁集团公司大学生比武，有2人先后获得段"优秀团员"的称号。自担任车间团支部书记以来，刘伟带领车间团员积极响应上级团委的号召，出色完成了各项工作。2016—2018年，刘伟连续三年获得了全国铁道团委"全路优秀共青团员"的表彰，并被广铁集团公司授予2016年度"优秀团支部书记"的荣誉称号。学习，永不止步。在2016年广铁集团公司供电系统职业技能竞赛中，刘伟又获得了电力线路工理论第三名的成绩，这充分检验了他的学习成果。2018年，他还被全国铁道团委授予了"尼红奖章"。

工匠话匠心

"要想干大事，必须克服眼高手低的习气，到一线岗位去摸爬滚打，在急难险重的任务中去经历风雨，把基础打扎实了，才能让后面的路走得更稳、更远。"

勇攀高峰的聂睿：当尖兵，当先锋

工匠简介

聂睿：湖南铁道职业技术学院 2014 届毕业生，现担任广州车务段常平站调车长；2018 年获得原中国铁路总公司举办的"振兴杯"铁道行业青年职业技能竞赛暨第三届全国铁路新入路青年职业技能竞赛调车长第一名，并获得"全国青年岗位能手"和"火车头奖章"等荣誉。

勇攀高峰的聂睿：当尖兵，当先锋

工匠绝学

在 2017 年广州车务段举行的技能比武中，首次参赛的聂睿便荣获理论第一的好成绩，平时参加段业务抽考、集团抽考，他也常获得满分。凭借着这些优异的表现，聂睿荣获了广州车务段"安全明星"的称号。

工匠成长经历

聂睿，25 岁，毕业于湖南铁道职业技术学院，现担任广州车务段常平站调车长。自 2014 年入路以来，他刻苦钻研和学习业务知识，努力提高和完善自己。在工作中，他脚踏实地，一步一个脚印，始终将安全摆在第一位。

2018 年，他在原中国铁路总公司举办的"振兴杯"铁道行业青年职业技能竞赛暨第三届全国铁路新入路青年职业技能竞赛中荣获调车长第一名，并获得"全国青年岗位能手"和"火车头奖章"等荣誉。

梦与远方，贵在坚持

小时候的聂睿是跟爷爷一起生活长大的。爷爷是一名共产党员，有着言端行正、谦虚谨慎的工作作风。这也深深地影响着聂睿的成长轨迹，使得他从小便养成了踏实干事、用心做人的良好品德。那时候，爷爷总会牵着他的小手在铁路边看一列列火车驰骋而过，两条长长通往远方的铁轨也让儿童时期的聂睿无比向往。高考后，聂睿与爷爷商定选择了铁路专业，铁路与他的缘分也进一步得到了延伸。那时的他就梦想着以后在铁路工作中绽放出自己的光彩。

刚入路那时的聂睿现场经验十分不足，在课本上学的终归是理论，在现场工作时碰到了许多非正常情况，勤思考、善学习，聂睿只要一有空闲时间，便拿起技规和行规学习，探索答案。在同事下班回家休息、参与一些娱乐活

· 145 ·

动时，他会默默地回到宿舍学习业务知识，努力提高自己。实在遇见自己无法领悟的知识点，就带着书本去找师傅们请教，师傅们没时间的时候他就上网自己查，他坚信只有理解透彻了才能更加深刻的记住这些业务知识，才能在遇到非正常情况时有一个最妥善的处置。

除了业务学习，工作之余，聂睿并没有像其他小伙伴一样把剩下的时间花在手机游戏或者追剧这一类活动上。为了能保持一个随时充满活力迎接工作的好身体，他经常利用车站配备的健身器材进行锻炼，往往都是锻炼完淋漓大汗冲一个热水澡又坐在桌前熟读业务。

在学习业务上，聂睿始终坚持一句格言"不放下努力本是我的任务，在现有的基础上争取再争取更是我的职责"。这也推动他在干好本职工作的同时不断参加车务段和集团公司举办的技能竞赛。他给自己定了一个阶段目标，每次参加技能竞赛都要比前一次有所进步。

严格要求，不断进取

聂睿不仅是自我要求严格，他还经常同班组的成员说："严格执行规章制度，不仅是保生产安全，也是保自己安全。"在担任调车长后，每一批计划作业前，他都会仔细检查每位成员的劳动用品是否配备到位。在 2017 年的一个白班，班组的二号连结员在上道前被他检查发现其所配备的安全带有破损的痕迹。聂睿果断要求其进行更换，但该连结员认为马上要作业了更换起来太麻烦了，而且自己经验丰富应该不影响作业。但聂睿坚持不留任何隐患，立刻向车站调度员申请报告并去站调室领取了安全带。在班后与二号连结员的沟通中他说道："防患于未然，并不是这一次不出事故就没有做这件事的必要，如果真出事故那就后悔莫及了。"该调车班组在他的影响下，多次获车务段标准化作业班组。

勤恳肯干、作风扎实是同事口中对他评价最多的词语。在工作当中，聂睿会严格要求自己做到"三勤"，勤动手、勤动脚、勤动脑。

工作过程当中不放过每一个细节，认真多次确认，情愿多走几步多留点汗。无论在什么情况下，无论有无检查人员，聂睿始终坚持高标准、严要求，从不懈怠工作中的任何一个细节。

学无止境，再创新高

早在2017年广州车务段举行的技能比武中，首次参赛的聂睿便荣获理论第一的好成绩，平时参加段业务抽考、集团抽考，他也常获得满分。凭借着这些优异的表现，聂睿荣获了广州车务段"安全明星"的称号，接二连三的荣誉并没有让他停止脚步，而是更加坚定了他心中的那份信念。

相信、努力、坚持，这6个字是聂睿每天在心里都会默默告诉自己的，促使他每天都保持一颗学习的心。在"振兴杯"集训时期，聂睿更是严格要求自己，时刻提醒自己要合理安排学习时间和有计划的学习。一日之计在于晨，他每天都会提前起床，然后安静地坐在课桌前复习昨日所掌握的知识，加强理解、记忆。

功夫不负有心人，2018年10月，在常平这个他入路扎根的地方，他在原中国铁路总公司举办的"振兴杯"铁道行业青年职业技能竞赛暨第三届全国铁路新入路青年职业技能竞赛中荣获调车长第一名。

在获得优异成绩后，聂睿激动了一会儿，但随后他的心情又回归了平静，因为他即将踏上在肇庆举行的广铁集团公司调车技能大赛。正如他所说的，未来还有很长的路要走，还有很多的高峰要去攀登。

工匠话匠心

"不放下努力本是我的任务，在现有的基础上争取再争取更是我的职责。"

"业务专家"殷古佳：汗水浇开幸福花

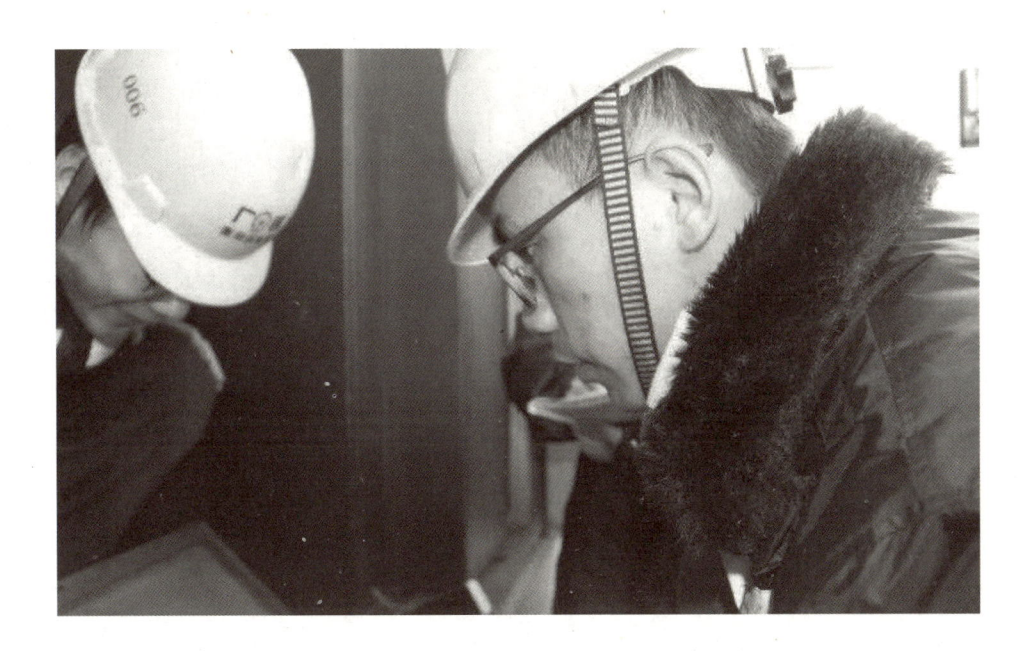

工匠简介

殷古佳：湖南铁道职业技术学院 2014 届毕业生，现任广铁集团公司衡阳供电段检修工；2016 年被中华全国铁路总工会授予"火车头奖章"。

工匠绝学

殷古佳所在的班组负责的是管内高铁线路远动设备的检修和维护。远动设备是牵引供电系统创新发展的重要组成部分，通过远动控制，实现了集团调度对现场设备的管理与监测。因为在工作岗位上的尽职尽责，2016 年殷古佳获得"火车头奖章"，时年 24 岁的他成了衡阳供电段最年轻的"火车头"！

工匠成长经历

2018 年 1 月 24 日一早，衡阳供电段集中修大修车间的三名职工整装待发准备前往衡山西站，今天他们要对京广高铁衡山西至衡阳东区间存在故障的 6 台远动箱变箱式变电站（简称远动箱变）进行故障诊断和检修。这是今年春运开始前的一项重点工作，检修负责人是远动工区的副工长殷古佳。

殷古佳是个地地道道的江苏人，但说起话来却带着浓郁的湖南腔。2011 年夏天，高中毕业的殷古佳考入了湖南铁道职业技术学院，不想从此和湖南这片红色土地结下了不解之缘。2013 年，还在上大二的他有幸成了广铁集团公司的订单班学员。实习期间，当其他学员还在抱怨着每月工资太低的时候，他却已经跟着老师傅开始了业务学习。一年的努力，让他在正式入职时已经走在了许多同龄人的前面。

高压试验工原本是铁路供电系统的一个小工种，主要工作是通过高压试验摸索变电设备的工作特性，并及时解决设备存在的故障。随着高铁线路的开通，高压试验工种发挥的作用越来越大。殷古佳所在的班组负责的是管内高铁线路远动设备的检修和维护。远动设备是牵引供电系统创新发展的重要组成部分，通过远动控制，实现了集团调度对现场设备的管理与监测。今天需要维修的 6 台远动箱变，都存在"调度端无摇测"的故障，如不及时排解，将有可能在春运期间为线路安全埋下隐患。

到了现场，殷古佳马上带领同伴忙碌了起来，别看他参加工作不久，在远动班组却是真真正正的"业务专家"，少年老成的他被同事亲切地称作"佳哥"。武广 223#箱变位于衡山西站附近的高架桥下，检修过程中，天空飘起了小雨，加上呼啸而来的北风，体感温度早已降到了零度以下，就连带来的笔记本都出现了多次罢工，但殷古佳和他的两位伙伴却没有一丝退却。他们首先用仪表对端子进行检测，确定故障位置；然后对出现的故障电路板进行拆卸，确认故障点；接着加装新电路板，并通过电脑连接，对新电路板各项性能进行检测；最后通过数据比对，确认新电路板是否运行良好。在近一个小时的检修过程中，殷古佳和同伴始终蜷缩在高度不足 1.8 米的远动箱变内，由于端子的特殊性，极小的误动都有可能对其运行造成影响，因此他们的操作显得极其小心细致，一台远动箱变检修下来，几个大男孩脸上早已淌满了汗珠。像这样的检修当天还要进行五次，单一重复的作业常会让人感觉乏味，但殷古佳却从未这样认为，"我觉得业务越熟练，承担的责任就应该越重大，我希望自己能够为中国铁路的发展做出贡献！"

说起殷古佳，同事们总有说不完的赞美之语。同行的汽车师傅开玩笑说，"佳哥"一个月恨不得可以有 40 天待在单位！别看生活中的殷古佳温文尔雅，但只要一到单位就像"着了魔"一样有使不完的劲头。有同事统计过，殷古佳平均每年有超过 300 天都在岗位上，"爱岗敬业"早已成为这位"工作狂"的一个符号。除了日常的设备检修和工区管理，殷古佳还会主动和厂家联系，学习如何对故障板件进行测试维修。通过努力，目前他已经能够处理解决许多常见的问题，大大降低了板件送修的成本。2016 年，广铁集团公司站段分离整合，新成立衡阳供电段，殷古佳选择到新段挑战自我。班组成立初期，只有殷古佳一位老职工。面对班组技能人才缺乏的状况，他也曾倍感压力，但很快他就找到了强化班组的方法：一方面，他通过不断学习提升自己的业务水平，在检修现场发挥作用；另一方面，他积极帮助新入职的高压试验工学习业务，通过传道授业，培养了一批高压试验工新生力量。在殷古佳和其他同事的努力下，远动班组的各项工作很快走上了正轨。2017 年，两名新入路的研究生被分配到了大修车间实习，殷古佳自告奋勇承担起了他们的业务指导工作。对于眼前这位只是大专学历的"老师傅"，两位研究生却表现得心悦诚服，"佳哥确实是一位基本功扎实的业务达人，他的身上有许多值得我们去学习的地方。"因为在工作岗位上的尽职尽责，2016 年殷古佳被中华全国铁路总工会授予"火车头奖章"，时年 24 岁的他成了衡阳供电段最年轻的"火车头"！

根据工区排班，2018 年的春节，殷古佳又"不出意外"地出现在了值班名单中，对于单位的工作他总是毫无怨言，但对于家庭，他却充满愧疚：远在连云港的父母，一年只能见上一次，即使和同在衡阳的女朋友，一个月也见不上几面。他能做的只是尽可能地为家里多做点事情，比如为女朋友烧几个拿手好菜、给家人采购一些南方的特产。但只要一接到单位的电话，电话即为命令，他总会毫不犹豫地放下家的温存，义无反顾地投入新的工作中去。对于工作和家庭之间的平衡，殷古佳说："我只希望通过自己努力的工作，给家人更好的生活。"言语间，一个顶天立地的男子汉形象跃然眼前。

完成当天的所有作业已是深夜，一架高铁从身边的京广线飞驰而过，累了一天的殷古佳和伙伴们眼神里突然闪过一丝无上的荣耀，"你看我们还是很厉害的，我们运维的设备，可以跑这么快的火车！"是啊，正是有了成千上万名像殷古佳这样舍小家为大家的铁路人，为实现中国高铁快速、平稳、安全的运行年复一年地默默付出，才让中国高铁逐渐成为老百姓心里最绚丽的名片。

初心不改，无问西东！今年春运，殷古佳和他的伙伴们将一如既往地坚守岗位，用满腔的青春与热情，为奔驰在祖国广袤土地上的中国高铁保驾护航，而这，正是铁路人用安全守护着的"中国梦"！

工匠话匠心

"我觉得业务越熟练，承担的责任就应该越重大，我希望自己能够为中国铁路的发展做出贡献！"

厚积薄发的蒋敏：勇做基层排头兵

工匠简介

蒋敏：湖南铁道职业技术学院 2016 届毕业生，现任南昌局集团公司通信段通信工；获得 2017 年度集团公司优秀共青团员、2019 年度集团公司电务系统党员业务技能竞赛（通信综合）项目第一名、2019 年度段先进生产（工作）者、2019 年度集团公司优秀共产党员等荣誉。

厚积薄发的蒋敏：勇做基层排头兵

工匠绝学

蒋敏时常将自己积累的检修心得发到工作群里，与大伙儿一同探讨，共同进步。在他的带领下，工区历年积存下来的一些技术难题逐一被破解。

工匠成长经历

蒋敏，一位来自湖南衡阳的小伙子，自 2016 年从湖南铁道职业技术学院毕业后，入职南昌局集团公司。入职后，他先后获得 2017 年度集团公司"优秀共青团员"、2019 年度集团公司电务系统党员业务技能竞赛（通信综合）项目第一名、2019 年度段"先进生产（工作）者"、2019 年度集团公司"优秀共产党员"等荣誉。

其实，蒋敏并非通信专业出身，他在学校学的是电子信息工程技术专业，刚进入通信段时可谓是个不折不扣的外行。可就是这样一个"小白"，却凭借着聪明劲和吃苦耐劳的精神，很快便入了门，继而成了行家里手。

厚积薄发，关键时刻展技术

蒋敏自参加工作后，在工作中遇到疑问时，总是喜欢"骚扰"同事和厂家，也喜欢拿着手机时不时拍照留存设备图和技术资料。

2017 年夏天，蒋敏在车间安排下，参与管内昌福线三江镇站通信机房整治的重点任务，蒋敏跟着整治小组驻扎在现场，一待就是一个星期。整治结束后，蒋敏眼界大开，学到了许多日常检修学不到的知识，业务水平突飞猛进。

2018 年 7 月，蒋敏被调到综合通信工区，开始摸索网优、动车组 CIR 应急、技术台账编制等新项目。有一次，需要在短时间内更换一台视频服务器，工友们都认为时间安排过紧，很难保质保量完成任务。蒋敏主动请缨，凭借着事先充足的准备，迅速完成了这项任务。

临危受命，特殊时期敢当先

2020年疫情期间，蒋敏所在的南昌西通信车间接到任务，将段防疫办不定期送达车间的防疫物资重新分包，以最快的速度运送到散布在赣闽两省的24个车间所在地。时逢春节，人员紧张，身为党员的蒋敏立即牵头成立青年突击队，主动承接段防疫物资分发任务，先后完成7批防疫物资分发送车，累计送车温度计100支、一次性医用口罩约16000只、消毒用品43瓶，为沿线同事们解决了防疫的"燃眉之急"。为解决车间职工理发难的问题，他自费采购理发工具，主动为车间职工理发。因在疫情防控工作中表现突出，蒋敏还得到了南昌局集团公司团委的通报表扬。

服从安排，哪里需要往哪搬

2020年2月底，在完成抗疫工作的同时，蒋敏还要兼顾生产任务。车间为增强抚州通信工区的技术力量，准备将蒋敏调往抚州。这意味着刚解决夫妻两地分居问题的他又要开始异地通勤。蒋敏从大局出发，服从组织安排，并做通家属工作。

初到抚州通信工区，蒋敏就接下了机房蓄电池隐患排除的艰巨任务，这是车间的一项重点工作。短短一个月，他就排查了管内机房蓄电池组22处，并更换了其中8处存在隐患的蓄电池组。面对工作地的调整，他没有丝毫怨言，勇挑重担，带头处理故障，克服设备缺点。

蒋敏除了在自己的工作中一丝不苟，还时常将自己积累的检修心得发到工作群里，与大伙儿一同探讨，共同进步。在他的带领下，工区历年积存下来的一些技术难题逐一被破解。

厚积薄发的蒋敏：勇做基层排头兵

如今的蒋敏，正一步一步、扎扎实实地朝着今后的美好生活努力迈进。"幸福是奋斗出来的，哪怕工作日复一日，哪怕生活平淡无奇。为了更好的明天，一起加油！"

工匠话匠心

"幸福是奋斗出来的，哪怕工作日复一日，哪怕生活平淡无奇。为了更好的明天，一起加油！"

"全国技术能手"顾若晨：无须扬鞭自奋蹄

工匠简介

顾若晨：湖南铁道职业技术学院铁运092班毕业生，现任合肥机务段动车运用车间指导司机；2020年11月，他参加第六届全国铁道行业职业技能大赛，获得全国第一名，被授予"全国技术能手""全路技术能手""全国铁路青年岗位能手"等荣誉称号。

"全国技术能手"顾若晨：无须扬鞭自奋蹄

工匠绝学

顾若晨首创了动车副司机培训体系和考评制度，规范培训流程，明确考核责任，为动车副司机的技能成才提供了坚实保障。他开发了线上课堂，打破以往跟车学习的限制。司机可利用碎片化时间，在线上学习考试、模拟操纵，缓解了工学矛盾，大大提升了学习效率。

工匠成长经历

2021年7月30日，国家人力资源和社会保障部印发《关于授予2019—2020年度职业技能竞赛优秀选手全国技术能手称号的决定》，顾若晨荣获"全国技术能手"称号。

据了解，"全国技术能手"是国家级技术人才重要奖项，每两年评选一次，每次仅评选表彰100名。

他是同事眼中无所不知的"业务牛"

顾若晨是湖南铁道职业技术学院铁运092班毕业生，现任合肥机务段动车运用车间指导司机。作为一名普通的高铁司机，入路10年，安全行驶96万公里。对于整列高铁的旅客而言，司机是保障安全最关键的岗位。顾若晨深知，想要成为一名合格的高铁人，就要用心对待每一趟值乘、认真做好每一次检查。因此，对于业务学习，他是一个"执着"的人、爱钻牛角尖的人。对新知识、新设备，他总要做第一个学懂弄通的人。他随身携带的是一本翻旧的规章，心里最常念叨的是机车操纵技巧。

机会总是留给有准备的人。2020年11月，顾若晨参加了第六届全国铁道行业职业技能大赛，获得全国第一名，被授予"全国技术能手""全路技术能手""全国铁路青年岗位能手"等荣誉称号。他业务精湛，是同事眼中无所不知的"业务牛"！

他是职工眼中为民服务的"孺子牛"

顾若晨既是一个寡言少语的人，也是一个能说会道的人。作为兼职教师，他总是想尽一切办法让业务知识变的通俗易懂。他利用休班时间制作多媒体课件 43 篇，每年授课百余课时，累计培训新司机 500 余人。图文并茂的课件、深入浅出的讲解，得到了大家的一致称赞！

作为兼职教练，他针对每一名竞赛选手的优势、特点，制定不同的培训方案，将自己的经验、技巧毫无保留地倾囊相授。他累计培带选手 40 余人，其中获集团公司及以上级别竞赛名次的 5 人。他甘于奉献，是职工眼中为民服务的"孺子牛"。

他是领导眼中创新发展的"拓荒牛"

顾若晨既是一个严肃认真的人，也是一个创新求变的人。他首创了动车副司机培训体系和考评制度，规范培训流程，明确考核责任，为动车副司机的技能成才提供了坚实保障。

他开发了线上课堂，打破以往跟车学习的限制。司机可利用碎片化时间，在线上学习考试、模拟操纵，缓解了工学矛盾，大大提升了学习效率。他勇于探索，是领导眼中创新发展的"拓荒牛"。

以初心致匠心，以匠心守初心。顾若晨在用自己的实际行动向我们诠释着青春的含义。青春，那是我们一直为之努力的理想！

工匠话匠心

"扎实基础学习，勇于探索，善于自我思考，学会分享。努力不一定马上能看到成果，但是不努力一定没有结果。"

"修脚医生"董笛郁：检修的轴承属"免检"产品

工匠简介

董笛郁：湖南铁道职业技术学院应用电子技术专业2015届毕业生，现任广铁集团公司株洲车辆段轮轴装修工；参加段职工职业技能竞赛获得个人全能第一，在广铁集团公司2020年铁路车辆专业货车检修岗位职业技能竞赛中获得个人全能第二，被授予"全路青年岗位能手"称号。

工匠绝学

截至目前，经过董笛郁检测的轴承大约有 5 万套，她从未漏检过任何一个故障。班组同事称："经董笛郁检修过的轴承属于'免检'产品。"

工匠成长经历

董笛郁出生于 1994 年，是广铁集团公司株洲车辆段轮轴车间的一名轮轴装修工，负责检修货运列车的车轮轴承。在铁路人眼里，车轮是支持列车日行千里的"脚"，而董笛郁与同事就是铁路"修脚医生"。

"工作一个多月，瘦了几公斤像变了个人"

身材颀长、面容姣好的董笛郁经常被问到一个问题：为何会投身列车轴承检修工作？她总会笑着解释："我来自怀化，有家人在铁路系统工作，从小就对铁路有种向往。"

带着向往，董笛郁考入湖南铁道职业技术学院应用电子技术专业。2015 年毕业后，她来到广铁集团公司株洲车辆段轮轴车间轴承检修班组，跨专业成为一名轮轴装修工。从此，她的双手每天要戴着手套，将重达 30 多公斤（1 公斤=1 千克）的轴承从流水线上搬到一米外的检测台上，然后双手转动轴承，视线飞速扫过，对照已经熟记于心的各项标准数据对轴承进行细致检测。在将各项数据录入电脑后，她再用双手小心翼翼地将轴承搬回至流水线。对于这样的重复动作，她每天要做 60 次左右。

"比头发丝还细的裂纹也不能放过"

按铁路老师傅的话说，"年轻人有没有奔头就看头三年"。为了有奔头，董笛郁从源头开始学习车辆构造、原理、检修方法，掌握故障发生规律，学规章规程，学工艺流程，苦练检测本领。为了彻底学懂弄通，她把滚子、保持架、密封圈等十几个轴承零件的 70 多个检修限度全部熟记于心。

在董笛郁工作的轴承检测操作台上，笔者看到上面标示着多项检测项目的数据，其限度标准、变动量、测量位置都精确到零点零几毫米。董笛郁介绍："有 14 个关键部位的尺寸限度都需要精准测量，即使比头发丝还细的裂纹也不能放过。"

经过两个多月的勤学苦练，董笛郁便能够单独上岗作业，成为班组中唯一一名女性轮轴检修人员。

为准备技能竞赛，两天磨破一双手套

随着业务技能的不断进步，董笛郁成了岗位上的技术能手。2020 年 6 月，由她代表车间参加了段职工职业技能竞赛。在最炎热的那段时间，她白天苦练实作技能，晚上学习理论，不仅"两天磨破一双手套"，而且"一本关于轴承缺陷的图谱书几乎被刻进了脑海"。

刻苦的学习加上勤奋的实作，董笛郁首次参加段职工职业技能竞赛就获得了轴承外观检查个人全能第一的成绩。2020 年 10 月，在广铁集团公司 2020 年铁路车辆专业货车检修岗位职业技能竞赛中，她力压各路高手斩获个人全能第二，被授予"全路青年岗位能手"称号。

截至目前，经过董笛郁检测的轴承大约有 5 万套，她从未漏检过任何一个故障。班组同事称："经董笛郁检修过的轴承属于'免检'产品。"工作之外，脱下工作手套、换下工装的董笛郁和很多同龄女孩一样，喜欢打篮球、羽毛球，她还是单位合唱、跳舞等活动的主力队员。

工匠话匠心

"决定一个人命运的从来不是天,而是我们自己,你想让自己成为一个什么样的人,便用自己的努力去塑造。也许成功的路途上会布满荆棘,但我始终相信,不服输、不认命,通过不懈的努力终将能到达成功的彼岸。"

段内首个"女指挥官"周利娟：万次调度零失误

工匠简介

周利娟：湖南铁道职业技术学院车辆122班毕业生，现任广铁集团公司广州动车段调度员，广州动车段3878名职工中的首名女调度员。

工匠绝学

周利娟在调度台上果敢决断,不仅能正确编制、下达检车计划,以及组织、协调和指挥现场,还能迅速处置突发问题,在上万次动车调度指挥任务中做到零失误。

工匠成长经历

周利娟毕业于湖南铁道职业技术学院车辆 122 班,2016 年开始学习动车调度,成为广铁集团公司广州动车段 3878 名职工中的首名女调度员。

由于调度工作的强度大,女生的心理、生理素质很难担当。可周利娟有一股子要强的劲,非要干好不可。她就像一块"海绵",努力汲取"养分",一边跟着师傅们摸索业务知识,一边学习应急处置。

2021 年 2 月 25 日 17 时,广东佛山西客专动车运用所灯火通明,呼唤应答此起彼伏。

调度室内,身着制服、面色沉静的"女指挥官"周利娟,持续与司机进行动车组进出车库联控。伴随着她清亮的口令,一趟趟动车顺着蜿蜒的路线缓缓"归家"、检修、驶出。

和奔驰在高铁线路上一样,动车组"归家"后的检修工作,也得争分夺秒,在 180 分钟内完成一系列检修程序。调度作为动车运用所的"最强大脑",要高效组织检修、保洁、消杀等 10 组人员,利用检修库 6 条检修股道周转运用,若某个环节失控,就会严重"堵车",造成动车组无法正点出库,影响车组上线运营。

"每个班次,我得时刻紧盯屏幕、联控对讲和电话。每天平均要核对约 60 条高铁开行调度命令,接听、拨打电话 40 余个,进行应急处置时的 100

多次呼唤应答丝毫不能出错。"周利娟介绍。

"利娟善于总结，把看到、听到、遇到的与动车调度相关的问题记录在处置本，写满了 6 大本。她还发动大家把日常问题制作成问题库学习参考。"曾经的工长张智创、刘洋对她赞赏有加。

"落笔千斤，第一次签发的作业单，我检查了不下 10 遍。"仅仅跟班半年后，周利娟就能独立上岗了。

"利娟日常温柔细腻，在调度台上果敢决断，她不仅能正确编制、下达检车计划，以及组织、协调和指挥现场，还能迅速处置突发问题，在上万次动车调度指挥任务中做到零失误。"现任工长李军认为周利娟具备一般男孩子都没有的抗压能力。

希望用实力证明女孩子可以胜任调度岗位的周利娟，2017 年 8 月因"不堪重负"，申请转岗。终是舍不下这个充满挑战的岗位，半年后，她又回来了。

"通过跑步、听音乐不断调整后，我回来了，想继续证明自己。希望更多的女孩一起来挑战调度岗位。"周利娟露出了甜甜的笑容。

工匠话匠心

"步入职场前做好定位，摆正好心态，认准目标，努力奋斗。机遇与成功不是将来才有的，而是从决定去做的那一刻起持续累积而成，只有做好日积月累，机遇与成功才能很好地把握住。"

第四篇

追求卓越

> 卓越：指非常优秀，杰出的，超出一般。追求卓越既是新时代工匠精神的基本内涵之一，也是广大劳动者的职业价值旨归。不断超越本我、勇攀行业顶峰是匠人毕生的使命追求。在革命、建设、改革的长期劳动实践中，一大批劳动者始终"靠钻研掌握本领、以奋斗成就梦想"，勇攀"匠艺"高峰。勇于"千万锤成一器"，不断追求卓越，既是一种职业态度，也是广大劳动者矢志不渝的奋斗目标[①]。
>
> 国务院政府特殊津贴获得者、中国中车资深技能专家聂毅通过不断参加各级各类技能竞赛和技能鉴定，不断超越自我，终于获得中央企业大赛金奖。南昌局集团公司最年轻的"铁路工匠"胡勇勇，给自己确定的目标是成为火车探伤领域内的技术专家。全路技术能手彭智勇的格言是"一件事除非不做，一旦做了就要想办法把它做到第一"。全国劳动模范张峰杰自从进入单位后，就把"永争第一"作为自己工作追求的目标，把岗位当赛场，把每次对技术难题的攻关当成自己向第一的冲刺。还有一年连获三冠的佘剑、"荆楚工匠"田晓磊、"中国中车技术标兵"魏陆军、"中车技能专家"朱献、"青年岗位能手"刘昌盛、原中国铁路总公司第二届职工职业技能竞赛冠军盛润五，他们都是不断追求卓越、自觉地将其职业理想深深融入"国家富强、民族复兴的伟业之中"、勇做现代化强国建设新征程上的追梦人。

[①] 卢亚利.习近平关于工匠精神重要论述的精髓要义与时代价值[J].中共南宁市委党校学报，2021（6）：21-26

中国中车资深技能专家聂毅：
挑战自我，成就辉煌

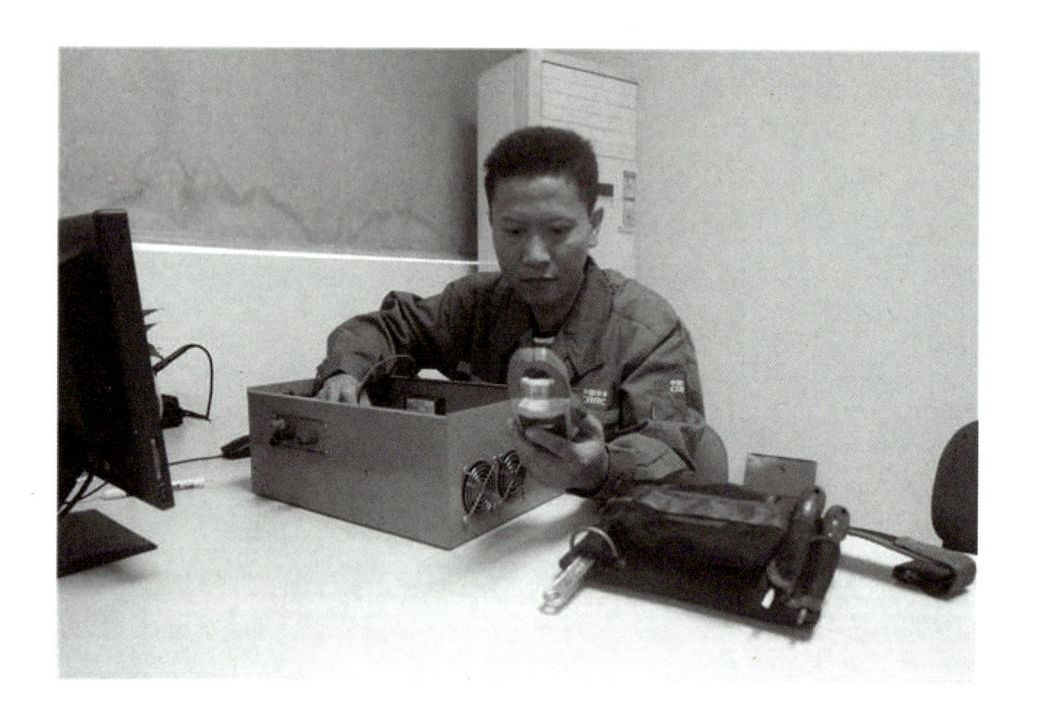

工匠简介

聂毅：湖南铁道职业技术学院电气工程专业 2000 届毕业生，现任中车株机公司维修电工高级技师、国家高级考评员；先后获得国务院政府特殊津贴，以及"全国技术能手""中央企业优秀共产党员""中车劳动模范""株洲市核心专家"等荣誉；2009 年被评为"中国南车技能专家"，2011 年被评为"中国南车资深技能专家"，2013 年被评为"中国南车首席技能专家",2016 年被中国中车评为"中国中车首届资深技能专家"。

工匠绝学

五年来,聂毅积极提出百余条合理化建议及技术革新,被采纳率高达 90%,减少了重复维修工作,提升了设备使用效率。他带领以班组 3 名技师为骨干组成的 QC 小组先后完成了 10 余台老旧设备的自主改造,共为公司节约设备搬迁改造费用近 200 万元、节约设备更新费用近 500 万元,设备改造后故障率与改造前相比降低了 90%。

工匠成长经历

昨天所做的事情,定然回响于今天的时空。在中车资深技能专家(原南车首席技能专家)聂毅的记忆中,有很多次让自己激动得无法呼吸的时刻,而这种时刻只属于不断挑战自我、取得人生及事业上辉煌成就的那一刹那。在 23 载的职业生涯中,他经历过很多次这样的场面,但不管哪一次,总能激荡起内心波澜起伏的情感,这情感中饱含着汗水、付出、辛酸及对电力机车事业的真诚热爱。

专注技艺,超越自我

有理想,人生才得以丰满;有信念,事业才能不断开拓。

"聂毅同学学习非常认真,勤于思考问题,学习目标非常明确,对知识非常渴望,有远大的志向……"说起自己的得意门生,杨旭丽老师总是赞不绝口。1995 年,聂毅毕业后,进入中车株机公司工作,目前在马来西亚吉隆坡中车维保有限公司任职。履职之初他只是一名维修电工中级工,现如今聂毅已经成为中车株机公司维修电工专业的拔尖人才。20 多年的辛勤付出承载的是聂毅美好的青春年华，也记录下了这位技能专家对维修电工工作的专注与严谨。他精通的电工基础、电力拖动与自动控制、数控系统知识、电子技术基础及电力电子等专业知识，都来自他长年累月对知识孜孜不倦的钻研。1997 年，他考入铁道部工业职工大学"高电牵 971 班"，走进了"电力牵引与传动控制"专业的课堂。他也幸运地成为湖南铁道职业技术学院升格为高职院校后的第一届高职毕业生。

现代技术发展神速，知识更新越来越快，只有终身学习，才能适应工作的需要。因此，他充分利用点滴业余时间自学，在不断丰富实践经验的同时，努力充实专业理论知识。他先后参加了 5 次公司级技能竞赛、1 次中车技能竞赛、2 次国家级技能竞赛、1 次高级工技能鉴定，以及 2 次技师技能鉴定。通过一次次的竞赛和鉴定，他找到了自己的不足和努力的方向，终于在 2005 年的中央企业技能大赛中获得了金奖。多年来，聂毅不仅获得了国务院政府特殊津贴，还被评为了"全国技术能手""中央企业优秀共产党员""中车集团优秀共产党员""中车劳动模范"，2013 年年底被原南车集团聘为南车首席技能专家，2016 年被中车集团聘为中车资深技能专家，2017 年成为株洲市 B 类核心专家……聂毅在回顾过往时，总是把人生辉煌的起点锁定在 2005 年获得的中央企业技能竞赛上，他不仅获得了该项赛事的金奖，还被评为了全国技术能手，技能等级也晋升为高级技师。而助力他获得中央企业技能竞赛金奖及后续荣誉的正是他的母校——湖南铁道职业技术学院和他的指导老师——现任该校控制学院院长的段树华。"聂毅对编程等新技术掌握比较好，脑子灵活，上手很快，能够很好地领会指导老师的意图；他能够刻苦钻研，在学校集训的三个多月时间里，每天都训练到晚上十一二点才回去休息……"段树华院长给了聂毅非常高的评价。

中国中车资深技能专家聂毅：挑战自我，成就辉煌

勇挑重任，牢记使命

2009 年，聂毅被中车集团公司聘为技能专家，任期为 4 年。作为中车技能专家、维修电工高级技师，以及电修班班长，聂毅对自己提出了更高的要求，他不仅要把自己本身的工作做好，还要带领班组团队取得骄人的工作业绩。2014 年，公司多种车型生产交叉并行，备料车间 8 个班组三班倒，各种设备满负荷运行，故障也是频发。聂毅带领班组 12 名员工圆满地完成了车间各项维修和安装任务，累计完成维修任务 5000 余项。为完成突击抢修任务，聂毅累计加班 200 余天，班组其他员工累计共加班近 900 天。聂毅及其班组解决了车间等离子切割机海宝电源内线路经常烧坏短路故障、411-221 电磁吊电流过低故障等疑难故障。

技术改造，成效显著

备料车间有许多使用了二十多年的老旧设备，电器控制系统老化，故障率高，部分关键维修配件无处购买。在这种情况下，从 2011 年开始，聂毅带领以班组 3 名技师为骨干组成的 QC 小组，逐年针对老旧的设备电气控制系统进行改造。五年内，他们先后完成了 10 余台老旧设备的自主改造，以及近 50 台设备的自主搬迁，共为公司节约设备搬迁改造费用近 200 万元，节约设备更新费用近 500 万元，设备改造后故障率与改造前相比降低了 90%。几年来，聂毅积极提出百余条合理化建议及技术革新，被采纳率高达 90%，减少了重复维修工作，提升了设备使用效率。

言传身教，百花齐放

"一枝独放不是春，百花齐放春满园。一个人的优秀不足以扛起整个事

业的重担,只有一群人的努力才能成就事业的辉煌。"聂毅深深明白这个道理。一直以来,他总是以各种方式将知识与经验传授给年轻人。在技能培训的课堂上,他结合扎实的理论知识和丰富的实战经验,将技能与知识倾囊相授。

成为中车首席技能专家的聂毅曾说过,"我现在所拥有的一切能力、成绩都源自他人,就像曾经传授知识给我的老师一样,我也终究要将这些知识和能力回馈给他人。"聂毅不断对中心的维修电工进行引导,积极培养中心良好的学习氛围,使员工学习技能的兴趣越来越大。聂毅还担任了技师协会的培训老师,通过制订维修电工培训计划、编写培训教程,以及利用 **FX-TRN-BEG-C**、**FX-TRN-DATA** 等软件,对公司的维修电工进行培训。几年来,自己带学徒12人,其中有5人考取了技师资格证,有7人考取了高级工。聂毅也不断总结自己的工作方法与经验,先后撰写了五篇论文,分别在《九方技艺》《轨道装备制造技艺》等杂志上发表。他还参与编写了国家级零起点初级职业技能培训教材《维修电工》与公司级职业技能鉴定教材《维修电工》。2014年,在湖南省总工会"为技术湖南建言——湖南省职工合理化建议"的活动中,他提交的《关于老旧设备自主改造建议方法》获得了株洲市唯一的一枚银点子奖(全省金点子奖空缺,银点子奖三名,铜点子奖十名)。

工匠话匠心

"一枝独放不是春,百花齐放春满园。一个人的优秀不足以扛起整个事业的重担,只有一群人的努力才能成就事业的辉煌。"

"火车神探"胡勇勇：集团公司最年轻的"铁路工匠"

工匠简介

胡勇勇：湖南铁道职业技术学院供热通风与空调制冷工程专业 2012 届毕业生，现任南昌局集团公司南昌车辆段检修车间探伤工。先后被授予"江西省技术能手""江西省青年岗位能手""全路青年岗位能手""江西省优秀共青团员""全路尼红式青年""火车头奖章"等荣誉。2017 年被原中国铁路总公司授予"铁路工匠"称号。

工匠绝学

2013 年上半年，参加工作未满一年的胡勇勇报名参加了探伤工取证考试，并取得了磁粉、超声波探伤双 II 级证书。通过不断学习、实践，他逐渐成为一名能处理各类故障和突发事件的"全能战士"。

工匠成长经历

他是中国国家铁路集团有限公司首批"铁路工匠"之一，也是南昌局集团公司至今为止最年轻的全国"铁路工匠"。他凭借严谨的态度和精细的工作作风，获得了"中国铁路南昌局集团有限公司技术能手""江西省技术能手""江西省青年岗位能手""火车头奖章"等荣誉。他就是南昌局集团公司南昌车辆段探伤工胡勇勇。

阳光心态，直面挑战

2012 年，21 岁的胡勇勇从湖南铁道职业技术学院机电系（制造学院）供热通风与空调制冷工程（车辆方向）专业毕业后被南昌局集团公司录用，随后到了南昌车辆段从事车辆探伤工作，负责对车辆走行部进行"体检"。尽管他本身学习的是空调专业，对于探伤这个领域还是第一次接触，但是他没有退缩，而是迎难而上，勇于尝试，直面挑战。

"我觉得凡事都需要挑战，只有不断地尝试，才能知道自己最适合的工作方向，实现自己的人生价值。"大学期间，胡勇勇学习刻苦，专业基础扎实，并担任过学生干部，积极参加各类实践活动，得到了老师们的高度评价。学校"和""搏""乐"的核心价值观深深嵌入了他的心灵。作为一名湖南铁道职业技术学院的毕业生，在参加工作的六年时间里，胡勇勇始终铭记学校 "明德、弘毅、博学、笃行"的校训，刻苦钻研专业知识，勤学好问，以积极自信的状态投入工作和生活当中，这也为他后来的成功，做了很好的铺垫。

拜师学艺，苦练真功

"作为一名探伤工，不仅要有技术，还要心细，善于发现，往往决定成败的都是那些小细节。"师傅方贤权的一句话成为胡勇勇的工作准则。师傅的言传身教让他受益良多。

胡勇勇深知，要成为一名车辆好"侦探"，不仅要具备高度的责任心，还要具备良好的业务素质和丰富的实践经验。为提高业务水平，他在工作中积极向师傅请教、学习，一有空闲时间就钻研《无损检测》《金属材料》等相关专业书籍，仔细研究探伤原理和方法，认真分辨各种探伤仪器和探头的区别，细心对比各种波形图的不同。一次，在对配件进行探伤时，他发现一个异形配件疑似存在裂纹，由于无法进一步探伤，他对配件进行了报废处理。事后，他利用整整一个下午的时间对这个异形配件小心翼翼地进行打磨，直到符合探伤要求后，再仔仔细细地进行探伤。经过反复确认，他终于在配件边缘发现了一处 3 毫米长的隐形缺陷。他又仔细分析了裂纹形成的原因，并详细地记录了下来。功夫不负有心人。2013 年上半年，参加工作未满一年的胡勇勇报名参加了探伤工取证考试，并取得了磁粉、超声波探伤双 II 级证书。不断学习、实践，胡勇勇的理论水平和业务能力都有了很大提高，他逐渐成为一名能处理各类故障和突发事件的"全能战士"。

责任在肩，奋勇争先

胡勇勇经常对大家说："探伤是一项神圣的工作，而对车辆走行部探伤，就像对列车的'腿'进行检查，只有保证自己经手的每一个配件都不存在质量问题，才能保证火车跑得稳，为列车安全运行提供保障。"正是凭着这种对探伤工作的高度责任感，他把所有的精力都倾注在他所热爱的探伤岗位上，认认真真对待每一辆车、每一个配件和工作中的每一个细节。参加工作以来，他一直保持着经手探伤的配件零漏探、零误判的纪录，成为班组里人人称赞的"'90后'火车神探"。

"我认为自己目前的岗位虽然平凡，但是能够为列车的安全运行、旅客的安全出行尽一分力，再苦再累都是值得的……"这是胡勇勇常说的话，这不仅体现了他对待工作的积极态度，更是彰显了"90后"青年一代的使命担当！

坚持不懈，追求卓越

有人问胡勇勇，在取得如此多的荣誉和成就后，今后的努力方向是什么？他回答："争取在探伤方面成为一名技术专家。"尽管在同事和同行眼里，胡勇勇已经是这个行业内的翘楚，可他从不满足于现有的这些成绩，永远保持着那份对技能的执着和痴迷，而这恰恰是一名大国工匠所必须具备的素养。

"我的人生格言就是'坚持就是胜利'，胜利果实的到来只分早晚和大小，但是如果提前放弃，胜利果实必然无法降临。"正是凭着这份坚持，短短几年，胡勇勇先后发现60余起重大故障隐患，2013年获得江西省"振兴杯"职业技能大赛探伤工项目全能第二名、2014年获得江西省"振兴杯"职业技能大赛探伤工项目全能第一名和全路客车技能比赛探伤工项目全能第二名等诸多荣誉，成为业内的专家。

"火车神探"胡勇勇：集团公司最年轻的"铁路工匠"

"建设知识型、技能型、创新型劳动者大军，弘扬劳模精神和工匠精神，营造劳动光荣的社会风尚和精益求精的敬业风气。"党的十九大报告再一次将工匠精神的重要性点出。工匠精神，匠心为本。当前我国铁路行业的飞速发展，源于一大批像胡勇勇这样的"铁路工匠"们的无私奉献和倾情付出，他们所秉承的敬业专注、技艺超群、传承创新、担当奉献、不断追求完美和极致的工匠精神，已经成为我国建设创新型国家、质量强国和文化强国的不竭动力和迫切需求。

工匠话匠心

"我的人生格言就是'坚持就是胜利'，胜利果实的到来只分早晚和大小，但是如果提前放弃，胜利果实必然无法降临。"

全能冠军彭智勇：向着梦想前进的"90后"

工匠简介

彭智勇：湖南铁道职业技术学院车辆电工专业 2012 届毕业生，现任广铁集团公司长沙车辆段车间技术员；曾获长沙车辆段 2016 年职业技能竞赛车辆电工全能第一名、广铁集团公司 2016 年职业技能竞赛车辆电工（运用）全能第二名、原中国铁路总公司车辆系统 2016 年职业技能竞赛检车员（车电员岗位）全能第一名、"全路技术能手"等荣誉，并被授予"火车头奖章"。

工匠绝学

经过不懈的努力，彭智勇不仅熟练掌握了维修技能，还成了车间不可多得的"技术大咖"，每当同事遇到棘手的问题时，都会拽着他来帮助解决。

工匠成长经历

彭智勇，湖南铁道职业技术学院 2012 届铁制 091 班毕业生，现为广铁集团公司长沙车辆段长沙库检车间车电技术员，负责车间 48V 客车、600V 客车车电业务技术管理和攻关工作。

这个心中有着梦想的"90 后"小伙子，浑身充满了向上的力量。2016 年，他荣获了原中国铁路总公司铁路车辆系统客车职业技能竞赛客车检车员组全能冠军，并被授予了"全路技术能手"的光荣称号和"火车头奖章"。

完美蜕变："是大学改变了我"

"千招会，不如一招精，我们要干一行、敬一行、爱一行，更要学精一行……"2017 年 4 月 20 日，学校举行了"冠军归来"优秀毕业生回校系列讲座活动，带着荣誉归来的彭智勇面对台下 200 多名观众，没有一丝胆怯，口齿清晰，表达流畅。台上这样自信的彭智勇，谁也想不到在进入大学前他竟是一个沉默寡言、不善言辞、从不敢在公众面前发言的人。

"是大学改变了我……"这样的改变源于一次英语演讲比赛。一次偶然的机会，为积极响应室友组织的院内的英语演讲比赛，一向不爱抛头露面的彭智勇报名了比赛，写文稿、背文稿、训练发音……出乎意料的是，彭智勇获得了比赛二等奖，第一次尝试了获奖的开心与自信。"那次比赛在别人看来也许不值一提，却是我蜕变成长的开始。"对于彭智勇来说，比赛的成功如同打开了一扇通往新世界的大门。竞选班助、参加各类社团活动，很快，他的管理能力和沟通能力都得到了快速提升,"原来大学生活不是只有埋头学习,还可以那样丰富多彩。"彭智勇在发言中感慨。

"在大学期间一定要利用宝贵的时间掌握一门专业技能,比如 CAD、PLC 编程等,使之成为自己的核心竞争力。"在锻炼能力的同时,彭智勇从没落下过学业,在同学眼里,他是名副其实的"学霸"。他认为,学习永远是第一要务。为了更好地学习专业技术,彭智勇加入了俗称"学霸聚集地"的科创协会,"里面有很多厉害的学长'传帮带',我们可以在科创协会学到很多课本以外的知识……"有一次,彭智勇看到学长竟然自己动手做出了一套铁路信号自动控制系统,甚是惊讶,倍感差距的同时,也让他明白了学习需要"站在巨人的肩膀上"借鉴、吸收,需要自己刻苦钻研,这也坚定了他要学精一门专业技能的信念。

精准定位:"做一名技术过硬的工人"

2012 年,彭智勇从湖南铁道职业技术学院毕业,原本学习机务专业的他,因工作需要被公司统筹分配到长沙车辆段长沙运用车间电机具班组。为了尽快掌握全新的业务技能,他虚心地向身边的同事学习,跟着班组师傅边干边学,不懂的就问,一有空余时间就软磨硬泡,央求师傅教自己。"师傅这个速度传感器的安装有什么要求……"

一个愿意学,一个乐意教,看着自己得意的徒弟,学习期间刻苦认真、善于思考,长沙车辆段库检车间车电机具组副工长李国忠打心眼儿里自豪:"智勇爱思考,不仅能针对设备提出一些关键性的问题,同时也肯钻研,不搞懂不罢休。"

为了弥补在起跑线上落下的距离,彭智勇经常利用业余时间泡在列车上近距离研究设备构造，反复地将设备拆了又装、装了又拆，复杂的地方甚至花了一个月的时间才把它吃透。每天除了工作和吃饭，他基本上把时间都花在了熟悉设备的性能上。

"我对自己的定位就是要做一名技术过硬的工人。"一门心思想提高自己业务能力的彭智勇，下班之余不是在车上熟悉车辆设备，就是在宿舍复习理论知识。他想通过利用业余时间给自己充充电，尽快提升自己的业务水平。给自己恶补充电就是彭智勇当时最迫切的大事，他这种刻苦学习的作风，令身边的小伙伴们无不钦佩。彭智勇的室友马鹏说："晚上下班回来后都比较累，一般会想着一起出去玩，但彭智勇还是死抱着他的书本钻研业务，很少跟我们一起出去。"

就这样，彭智勇白天跟师傅们爬车厢钻车底，晚上回到宿舍又伏案苦读。经过一年不懈的努力，他不仅熟练掌握了维修技能，还成了车间不可多得的"技术大咖"，每当同事遇到棘手的问题时，都会拽着他来帮助解决。有一次，他的同事在检修车厢里的照明时，发现列车有一端的几盏照明灯不亮，经过检查没有发现问题，眼看就到交车时间了，情急之下这位同事便想到了彭智勇。经过细致的排查，彭智勇发现，是因为照明灯的基座压住了电线，经过长时间挤压，使电线损坏，又因为电线上装有一层防护套很难发现，如不及时处理，有可能引发火灾，后果不堪设想。

由于业务精湛，工作认真负责，彭智勇的能力很快得到了单位的认可，并多次受到了车间的嘉奖，不久还被车间提升为技术员。"彭智勇是我们车间的技术能手，平时工作中碰到疑难杂症我们都喜欢第一时间请他来处理。"同事贺敬对彭智勇赞不绝口。

信念坚定："要么不做，要做就要做到第一"

经过几年的学习锻炼，彭智勇逐渐在工作中得心应手，在车间举办的应届大学毕业生技术比武中荣获车辆电工第一名，在段里职业技能竞赛中荣获第二名。初露头角的彭智勇在技术的道路上并没有停下脚步，他报考北京交通大学专升本，争取到北京、太原、南昌等地参加全路性的知识培训，如饥似渴地学习新设备、新技术，吸收新知识，他坚信自己能走得更远。2015年，他参加了段里的职业技能竞赛，并在竞赛中一举拿下了车辆电工工种全能第一，获得了参加集团比赛的机会。

为了在集团比赛中取得好的成绩，他对照《岗位作业指导书》《铁路客车运用维修规程》《运规》《车辆电工教材》等书籍一项一项进行练习，将检查作业的步伐走了一遍又一遍，对配电柜内的元件拆了又装，装了再拆，常常练得汗流浃背，工作服湿了又干，干了又湿。

有付出就会有收获，彭智勇以集团第二的成绩入围了中国国家铁路集团有限公司竞赛集训队，参加为期一个半月的集训。第一次与其他段选手接触，彭智勇倍感压力，发现了不少自己以前训练没发现的问题。他通过观察不断优化作业过程和故障排查方法，如排查空调柜故障时的"电笔法"。他们之前很少用"电笔法"，但观察、对比其他选手的故障处理过程，彭智勇发现"电笔法"的确有其优点，相比他们自己用的"万用表"方法，"电笔法"不仅省时省力，而且只要灵活运用，就能大大缩短发现故障的时间，于是彭智勇对此进行了果断的"消化、吸收"。

在集训后期，随着赛前的压力越来越大，集训的疲惫感和紧张感也随之而来，彭智勇和大多数年轻人一样：迷茫、怀疑、消极、懒惰，甚至还有过放弃的念头。他开始回想一路走来的坎坷不易，父亲的理解与支持、师傅的鼓励与开导、主任的器重与期待……，这些力量汇聚在一起，使彭智勇觉得这不仅是一项比赛，更多的是一份期待，一份沉甸甸的责任。于是他重拾信心，带着必胜的信念一头扎进了集训。

功夫不负有心人，2016 年 11 月 4 日，原中国铁路总公司铁路车辆系统客车职业技能竞赛开始了。经过 3 天激烈的角逐，彭智勇不仅战胜了过去的自己，更战胜了来自 17 个铁路局的 68 名选手。他不仅取得了客车检车员（车电员岗位）全能第一的好成绩，还荣获了 2016 年"全路技术能手"的光荣称号和"火车头奖章"。

站上领奖台的那一刻，彭智勇会心地笑了，在这光芒尽放的背后，是他日复一日的积累和付出，是他对梦想的坚持与执着，对工作的义务与责任。他没有辜负单位的栽培、师傅的看中、工友的陪伴，以及家人的支持。他更庆幸，他没有向困难低头妥协。"对待工作我有这样一个信念，一件事除非不做，一旦做了就要想办法把它做到第一。"就是这样一种信念，让彭智勇浑身都充满干劲儿，也正是有着这样一种信念，彭智勇才能攀登上属于自己的荣誉顶峰。

如今的彭智勇，经过业务学习和多年工作经验的积累，不仅形成了自己独特有效的故障处理方法，解决了大量的电气类故障，真正做到了为列车安全运行保驾护航，还在技术攻关上也做出了突出成绩。他处理了 6 个车 TCDS-5 型车载主机故障，节约成本约 20 万元；参与攻关"降低客车运行中轴温报警器联网不良的故障率"的成果，获得段优秀 QC 成果一等奖等。

"简单的事情重复做，重复的事情用心做。"彭智勇凭着年轻人的一股冲劲儿，踏踏实实，一步一个脚印，有定位，有目标，有信念。他不甘平庸，不甘寂寞，凡事用心、用尽全力去拼搏，做最好的自己，这就是不断向着梦想前进的"90后"全能冠军彭智勇。

工匠话匠心

"千招会，不如一招精，我们要干一行、敬一行、爱一行，更要学精一行……""简单的事情重复做，重复的事情用心做。"

带着独门秘籍的佘剑：一年连获三冠

工匠简介

佘剑：湖南铁道职业技术学院城市轨道交通控制专业2012届毕业生，现为广铁集团公司株洲机务段安全科的一名安全员；2016年，先后获得段职业技能竞赛电力机车司机实作第一名、广铁集团职业技能竞赛电力机车司机理论第一名、广铁集团大学生职业技能竞赛全能第一名。

工匠绝学

佘剑把每年段上组织技术大比武的疑难题型做成了一个难题集，并针对各位获奖的司机制作了一个花名册，利用休息时间"登门拜师"，讨教他们的学习秘诀和比赛经验，然后梳理汇编成一册学习资料。

工匠成长经历

佘剑，湖南铁道职业技术学院城市轨道交通控制093班毕业生，现在是广铁集团公司株洲机务段安全科的一名安全员。2016年，年仅25岁的他在6月份参加段职业技能竞赛时获得电力机车司机实作第一名；8月，在集团职业技能竞赛中获得电力机车司机理论第一名；9月，在集团大学生职业技能竞赛中荣获全能第一名。一年连得三冠，佘剑的背后有着不一样的方法和不一样的坚持。

秘籍之源：不忘初心逐梦想

1991年，佘剑出生于湖南株洲一个普通工人家庭。由于佘剑的家在铁路边上，他孩提时代看得最多的就是来来往往、川流不息的火车，自那时起，成为一名火车司机，驾驶着火车奔跑于千里铁道线上，成了他心中的一个梦想。为了实现小时候的梦想，高考那年，佘剑以优异的成绩考上了湖南铁道职业技术学院。他在学校担任班长，努力学习，无论是社交能力的锻炼还是专业知识的学习，都不曾落下。大二那年，他光荣地加入了中国共产党。大学毕业后，他顺利地应聘到成都铁路局贵阳机务段，实现了自己小时候成为火车司机梦想。

2013年6月初，由于母亲身体健康的原因，佘剑被迫辞职回到了株洲。在母亲恢复身体健康之后，出于对机车乘务员这个工作的执着与热爱，同年6月底，佘剑成功应聘到广铁集团公司，随后被分配到株洲机务段担任一名机车乘务员，再次圆了自己成为火车司机的梦想。

秘籍之册：吃百家饭集经验

为了方便与同事们共同学习业务知识，他建立了微信群和 QQ 群，闲暇时间，他和同事们相互讨论业务知识、工作经验和心得体会。他把有疑问的问题用随身携带的小本记下来，利用上班时间，向指导司机和车队长请教。佘剑还把每年段上组织技术大比武的疑难题型做成了一个难题集，并针对各位获奖的司机制作了一个花名册，利用休息时间"登门拜师"，讨教他们的学习秘诀和比赛经验，然后梳理汇编成一册学习资料。

谈起佘剑的夺冠，时任管职教工作的副主任彭立湖开玩笑说："佘剑这个冠军是吃'百家饭'长大的，每个师傅的绝活都被他登门拜师'吃'走了，他那本学习资料就是一本'百宝书'。"

秘籍背后：坚强后盾助前行

2016 年 8 月，凭借株洲机务段技能大赛第一名的成绩，佘剑被推荐参加当年全局的技能大赛。结果，年仅 26 岁的佘剑在高手云集的比赛中一鸣惊人，成为全局机务系统里最年轻的技能冠军。一个成功男人的背后，必然有一个坚强的后盾。对于爱人匡艳，他一直感到亏欠太多，她照顾老人和孩子从没让自己费过心。

妻子匡艳为了照顾家庭、鼎力支持丈夫工作，辞掉了心爱的会计工作，一心一意照顾家庭。她说："佘剑的工作性质特殊，不能让家里牵扯他的精力。"2016 年除夕那天，老母亲再次因低血压眩晕而被送进了医院，并被下了病危通知书，妻子匡艳为了不影响远在郴州的丈夫的工作，强忍着巨大的压力和痛苦，协助公公跑前跑后，守在老人的床前精心照顾。

秘籍传承：传授经验花齐放

"一花独放不是春，万花齐放香满园。"2016 年，在获得全局技术大赛第一名后，佘剑把自己的业务技能毫无保留地传授给了其他人。郴州运用车间大学生余松衡、张文民、刘涌等人成功地"复制"了他的辉煌，先后在 2017 年和 2018 年的全局机务系统技能大赛中获得了第一名。

佘剑深知，对于班组这个团队来说，自己优秀不算什么，能够让身边的每一个人都优秀起来，这样的团队才有战斗力，才能无往而不胜。平时就爱分享的他，总是把自己所学的知识和宝贵经验毫无保留地传授给身边的人，帮助大家一起进步。2016 年 11 月，佘剑在株洲客车运用车间担任指导司机长后，他更是经常利用业余时间组织班组职工学技练功并亲自出题，多方位、全面地进行考核，使班组职工的整体业务素质得到了显著提高，业务技能跃上新台阶，得到了各级领导的一致肯定。如今，他在广铁集团公司株洲机务段安全科更是一点也不肯马虎。当被问起工作是否累时，他笑着说，"管安全的就是要苦一点才能保安全。"冠军和成绩背后的秘籍无非就是不怕苦、不怕累并且坚持下去，用习近平总书记的话讲便是"不忘初心，继续前行"！

工匠话匠心

"如果不好好珍惜在校的学习时间，在应该努力奋斗的年纪选择了安逸，挥霍青春，那你肯定会后悔。"

"荆楚工匠"田晓磊：专治火车"头"疼事

工匠简介

田晓磊：湖南铁道职业技术学院2011届毕业生，现任武汉大功率机车检修段总成车间班组助理工程师；田晓磊攻关团队荣获2018年"全国优秀质量管理小组"荣誉称号；2021年10月，湖北省总工会授予田晓磊"荆楚工匠"荣誉称号。

工匠绝学

参加工作以来，田晓磊累计为2000余台火车头"把脉问诊"，发现各类故障隐患1万多起，解决惯性难题40多个，为公司节约成本800多万元。

工匠成长经历

拆解、检修、吊装……，位于严西湖畔的武汉大功率机车检修段，一群年轻的火车头"诊断师"正在紧张忙碌着。

这里是全国七大和谐型大功率机车检修基地之一，素有华中地区唯一火车头"4S 店"之称。在这里，一台台火车头经过拆解、检修、探伤、组装、调试、喷漆等工序，重新"换装"上线。

田晓磊，该检修段总成车间班组助理工程师，2011 年毕业于湖南铁道职业技术学院。参加工作以来，他累计为 2000 余台火车头"把脉问诊"，发现各类故障隐患 1 万多起，解决惯性难题 40 多个，为公司节约成本 800 多万元。

2021 年 10 月，湖北省总工会授予田晓磊"荆楚工匠"荣誉称号。

田晓磊说，看好每个螺栓、把好每道工序、把小事做细做精、确保火车头安全出库，这就是他所理解的工匠精神。

渴望加班，是为了更好地钻研技术

大功率机车检修任务，技术含量高、工艺流程复杂，需要有较强的业务能力才能胜任。

2012 年，刚进入检修段的田晓磊，技术并不出众。

为了快速提升自己，田晓磊主动向领导提出"加班"。他说，渴望加班，是为了更好地钻研技术。

车间里，他虚心向师傅求教；下班后，他自费报专业班学习。经过多年刻苦钻研，田晓磊的业务能力迅速提升，从技术新手成长为高级技师。

晋升为质量管理人员后，田晓磊总是喜欢跟人"较真"。

"不怕得罪人，就怕出问题。"田晓磊说。火车头检修是一项复杂而细致的工作，上千道工序，上万个配件，任何环节的疏忽都有可能导致隐患发生。

每次发现问题后，他总是不厌其烦地跟作业人员说原因、讲道理，让他们心服口服。

150多天潜心钻研，大幅降低机车"抛锚"风险

火车在运行过程中常常会因为各种故障"抛锚"，高压隔离开关风缸漏风是常见故障之一。

"反复修，反复坏，非常浪费时间，这也是大家最头疼的问题。"田晓磊介绍说，高压隔离开关故障率过去一直维持在15%左右。

"造成这个故障的原因可能有很多，需要逐一排查。"田晓磊主动请缨，牵头进行技术攻关。

在150多天的时间里，田晓磊带领攻关小组对120台不同型号的机车高压隔离开关进行拆解研究，找到故障症结，成功解决了这个"老大难"问题。

在后续的统计中，因漏风问题导致的高压隔离开关故障几乎为零，大幅度降低了机车"抛锚"风险，同时提高了生产效率，每季度节约检修成本近13万元。

因为这项成果，田晓磊攻关团队荣获2018年"全国优秀质量管理小组"荣誉称号。

7个月持续攻关，工时由 450 分钟缩短为 88 分钟

武汉大功率机车检修段承担了全国近 1/7 的大功率机车检修任务。

2018 年 12 月，一名同事在班组交流群内说道："油泵检修卸注油作业太浪费时间，严重影响检修进度"。

这一"抱怨"引起了田晓磊的注意，也激发了他技术攻关的热情。

田晓磊回忆说："我当时就想着挑战一下。"

他主动找到 6 名骨干一起攻关，决心设计一套全新的卸注油装置。他们上网查资料、画图纸、做实验，连续几个月加班却并没有突破。图纸上设计得很好，做成的样品却还是不行。

"当时想过放弃，可是心里面总觉得不甘心。"田晓磊说，自己也不知道后来又画了多少张图纸。一次，卡车上的油箱让他突发奇想，决定采用整体式箱体替代现有焊接的储油箱。

经过 7 个多月的研究，这次他终于成功了。全新的卸注油装置投入运用后，机车主变压器卸注油时间从原来的 450 分钟直接缩短至 88 分钟，大幅度提高了检修效率。

因为这项科研成果，田晓磊发表了两篇论文，并获得国家专利。

工匠话匠心

"唯有激情满满的学习，才能保持工作的热情；遇事一丝不苟，才能处事不惊；懂得谦虚感恩，才能遇事顺心。"

"中国中车技术标兵"魏陆军：9年追梦冠军路

工匠简介

魏陆军：湖南铁道职业技术学院轨道系机车车辆071班毕业生，现任中国中车株洲电力机车有限公司机车事业部机车电工；在2019年中国技能大赛·中国中车第三届职业技能竞赛暨中国中车第三届青年职业技能竞赛中，他一举夺得了机车电工比赛桂冠，被授予"全国技术能手""中国中车技术标兵""中国中车劳动奖章"等荣誉称号。

工匠绝学

魏陆军以优异成绩获得第三届中国中车职业技能竞赛参赛资格，参加了公司的全脱产封闭式培训。4000多个小时，200多个日日夜夜，他全身心地投入训练。四个小时的比赛，为了保证速度，魏陆军一直蹲着操作。最终，他获得中国中车第三届职业技能竞赛机车电工冠军。

工匠成长经历

魏陆军，湖南铁道职业技术学院轨道系机车车辆071班毕业生，在2019年中国技能大赛·第三届中国中车职业技能竞赛暨中国中车第三届青年职业技能竞赛中一举夺得了机车电工比赛桂冠，被授予"全国技术能手""中国中车技术标兵""中国中车劳动奖章"等荣誉称号。

九年拼搏，坚守不渝；生产一线，精益求精；攀越高峰，从未止步。中国中车第三届职业技能竞赛机车电工冠军、全国技术能手、中国中车技术标兵……这些头衔对于魏陆军来说，既是荣誉，也是鞭策。

牛一样的干劲

"他像头牛，浑身的劲儿使不完！"说起魏陆军，大家这么评价。2015年下半年，作业人员紧缺，三名吊装人员要完成计划里所有的升级改造任务。面对挑战，魏陆军每天从早上8点坚持工作到晚上十一二点，甚至更晚。90天的计划周期，他们终于抢在项目节点前完成了任务。

魏陆军有时感叹说："我最亏欠的是我媳妇。小女儿出生的时候我正在做竞赛培训，家里的两个孩子都由她照顾。她还安慰我，说家里有她不用操心。那时候我就下定决心，一定拿出好成绩，否则怎么对得起她和孩子！"

鱼一样的渴学

2017年，魏陆军以公司第四名的成绩获得了中国中车第二届职业技能竞赛的参赛资格。尽管结果不尽人意，但通过这场竞赛的历练，他意识到自身的技能短板，于是自己买了一些元器件利用业余时间在家研究。一遍遍拆装，一次次尝试，用了两年的时间，他的速度和经验就这么练出来了。

被问及获奖后最想感谢的人时，魏陆军毫不犹豫地说出了"谢光明"这个名字。谢光明是中国中车技能专家、"全国五一劳动奖章"获得者，魏陆军一直将其视作榜样和目标，一有机会就向他请教。在谢光明的指导下，2016年，魏陆军开启了他的电工竞赛之旅。同时，也结识了一群志同道合的朋友，他们在比赛中相互切磋、共同进步。

像蚕一样坚守

2019年年初，魏陆军以优异成绩获得中国中车第三届职业技能竞赛参赛资格，参加了公司的全脱产封闭式培训。4000多个小时，200多个日日夜夜，他全身心地投入训练。四个小时的比赛，为了保证速度，魏陆军一直蹲着操作。配线完成时他已双腿麻木，只能用手抓着凳子勉强支撑起身体。

夺冠后，魏陆军成为大家关注的焦点。但他很快调整自己，回归岗位。魏陆军说："成绩只代表过去。学校培养了我，公司培养了我，我会继续在工作中发挥好带头作用，努力把产品做成精品、做成艺术品，实现自身价值。"

工匠话匠心

"成绩只代表过去。学校培养了我，公司培养了我，我会继续在工作中发挥好带头作用，努力把产品做成精品、做成艺术品，实现自身价值。"

"三晋工匠"张峰杰:永争第一是他的人生信条

工匠简介

张峰杰:原株洲铁路电机学校(湖南铁道职业技术学院的前身)模具钳工专业1993届毕业生,现任中车永济电机有限公司永电学院执行院长、高级技师、工程师;2003年获全国首届职工职业技能大赛钳工第一名,并获全国"五一劳动奖章"及全国技术能手称号;2004年5月获"山西省特级劳模"称号;2005年2月成为中国北车首批金蓝领;2010年获"全国劳动模范"称号;2011年享受国务院政府特殊津贴;2016年和2017年分别获"山西省五一劳动奖章";2018年度获"三晋工匠"称号。

"三晋工匠"张峰杰：永争第一是他的人生信条

工匠绝学

在技艺方面，张峰杰尤为擅长组装大型复杂硅钢片冷冲模具，能够修复在加工过程中变形的模具中的凸凹模，以及修正铰刀保证孔加工精度。他的专业能力在全国首屈一指。近年来，张峰杰共主持完成技术创新30余项，课题攻关20余项，改进成果13项，发明专利2项。2009年，他设计的《压冲双组合》由中华全国总工会定为全国职工职业技能大赛钳工决赛唯一用题。

工匠成长经历

"只要比我强，哪怕只是一点点，我都要向他学习。"这句话出自大国工匠、全国劳动模范张峰杰之口。虽然只是一句朴实无华的言语，但其内在的坚持与奋斗却难以用言语形容。梦想着成为全国钳工大师的张峰杰，一边贯彻着这句话，一边不断地攀登在大国工匠的道路上。

1990年，一位怀揣着工匠梦想的青少年毅然踏入了原株洲铁路电机学校（湖南铁道职业技术学院前身）的大门。人生在勤，不索何获？在大学的三年间，拥有着坚定梦想、渴望学好技术的张峰杰在学习上夙兴夜寐，无一日之懈，他不断汲取着文本知识的同时，也刻苦磨炼自己的实践动手能力，在实训课程中尤为努力。书痴者文必工，艺痴者技必良。渴望学习技术的张峰杰在三年的刻苦学习中，在老师的悉心教导和同学间的互帮互助中，取得了考试总分第一的毕业佳绩，并得以进入永济电机厂。三年的大学生活，他变黑了，也变瘦了，但真能人不现于外。黑，是他风雨兼程的勋章；瘦，是他刻苦训练的证明。

张峰杰明白"学如才识，不日进，则日退"的道理。即使以优良的成绩进入了永济电机厂这般好单位，他也时刻不忘记努力学习、提高技术。

· 199 ·

张峰杰自从进入了单位之后，就把永争第一作为自己干钳工追求的目标，把身边有一技之长的人当成自己的老师，虚心请教。分厂有位老钳工技师，加工精度很高的模具总是由他组装，张峰杰很羡慕。为此，他经常默默地蹲在老师傅旁边看他工作，细心揣摩他的一招一式，有时一蹲就是好几个小时。业余时间，张峰杰还把自己"困"在家里，反复翻看《机械工人切削手册》《钳工技术试题库》等有关书籍，并对书中的技术操作要点认真琢磨、研究。为准确把握制作几何尺寸，家里没有计算机，张峰杰就请人用电脑画出装配的示意图，摸索出翻转配钻的优化工序操作法。

宝剑锋从磨砺出，梅花香自苦寒来，长期"蹲"和"困"的磨炼，使张峰杰的技能很快得到同行们的认可。一次，张峰杰和同事们一块干一批模具活，工件是圆锥形状，尾部有一个 M8 的螺孔。同事干活时，是把砂布平铺在台面上，用手抓住工件打磨。张峰杰却是拿起工件仔细观察后，把 M8 的螺杆拧进螺孔里，然后夹到台钻上，开动钻床后再用砂布把旋转的工件抛光。这样既省时又省力，还保证了产品质量。他创造的这一简单又快捷的方法，日后成了师傅们经常对青工进行教育的活教材。

张峰杰对待"难"也是如此。面对悬崖峭壁，一百年也看不出一条缝来，但用斧凿，能进一寸进一寸，得进一尺进一尺，不断积累，飞跃必来，突破随之。为了永争第一，张峰杰把岗位当赛场，把每次对技术难题的攻关当成自己向第一的冲刺。一次，他主动接下新产品模具后，却发现冲头在加工过程中容易引起变形，冲头实际尺寸大于图纸尺寸，无法满足配合间隙。于是，他就把这些困难当作考试题中的"已知条件"，凭着丰富的工作经验和理论知识，巧妙地找出了"未知条件"，然后有理有据地细化出一套操作方法。分厂承制的"72 槽冲片模"关键零件冲头，切割后严重变形。面对这件直径达 700 多毫米、

"三晋工匠"张峰杰：永争第一是他的人生信条

重约2吨、材质硬度高、几近报废的庞然大物，张峰杰主动请缨修复。经过70多个工时的修磨，他终于使工件"起死回生"，节约成本10余万元。在近6年的时间里，由张峰杰完成的工装模具达6000多套，套套合格。

在永济电机厂兢兢业业的张峰杰，也开始在全国崭露头角。2003年10月，在首届全国职工职业技能大赛钳工决赛中，张峰杰对48种必用工具运用自如，他精心制作的六方组合体在公差、光洁度、24个不同翻转角度的配合间隙征服了所有评委，一举夺冠。

就这样，张峰杰不仅成了全厂钳工第一，还成了全国钳工第一，获得了无数人钦羡的目光。可他身边人知道，为了争第一，张峰杰的付出比常人多，努力比常人多。达尔文曾这样形容自己的成就："我在科学方面所做出的任何成绩，都只是由于长期思索、忍耐和勤奋而获得的。"这句话同样适用于张峰杰。

即使成为全国第一，张峰杰也并未满足。学海无涯，不进则退。近年来，共主持完成技术创新30余项，课题攻关20余项，改进成果13项，发明专利2项。发表论文1篇。2005年，他参与编写了由中华全国总工会和机械工业出版社联合出版的《全国职工职业技能大赛优秀操作技法》。这些资料作为全国总工会科技推广的重要教材，向全国企业职工推广。2009年，他设计的《压冲双组合》由中华全国总工会定为全国职工职业技能大赛钳工决赛唯一用题。2010年，他主持完成的《350公里动车组电机复冲模具技术创新》获全国职工技术创新成果优秀奖。2015年，他主持完成的《YJ146A电机测速齿轮脱落在线改制技术攻关》项目获山西省企业五小竞赛优秀项目成果一等奖。2015年，他主持完成的《分离模定位轴改进》项目获山西省企业五小竞赛优秀项目成果三等奖……

张峰杰获得的荣誉实在是太多太多了，但面对成绩，他想的仍是如何争得更多的第一。不仅如此，他还发挥着"传帮带"的作用，不断助力提升青年人的成长成才。近年来，他共带徒15人，其中5人取得高级技师资格、6人取得技师资格。他还培养出第三届全国技能大赛钳工第一名薛金良。2009年8月，在山西省第三届职工职业技能大赛中，他培养出的来自永济电机有限公司的选手分别取得第一名和第二名的成绩。2009年9月，在全国第三届职工职业技能大赛中，他成为山西省钳工代表队的技术指导，他培养出的选手又分别取得全国第一名、第二名、第四名、第十三名的成绩，并且山西省代表队取得总分第一名的成绩。

大江东去，浪淘尽，千古风流人物。张峰杰，一个集各项荣誉于一身的大国工匠，用自己的行动，攻克一个个技术难关，成为劳动模范；用自己的思想，感召一个个拔尖人才，成为国之栋梁。

工匠话匠心

"在失败中提炼冷静，在困难中采掘力量，在动摇中培育信心！不回避窄的路，把窄的路拓宽，不断创造人生的新境界，这就是我们人生的道路。"

"中车技能专家"朱献：没有松柏恒 难得雪中青

工匠简介

朱献：湖南铁道职业技术学院机电工程系2009届毕业生，现任中车株机公司工位长；2012年代表中车公司参加第一届北京嘉克杯国际焊接大赛，荣获机器人焊第一名，同时被授予"中央企业技术能手""中央企业青年岗位能手"称号；近年来荣获"中车技能专家"等荣誉称号。

工匠绝学

2018—2020 年,朱献带领工位党员攻关小组,通过优化工步,运用标准作业组合票工具及火焰矫正工艺,验证反变形法在搅拌摩擦焊侧墙板上的成功应用,在取消零点班的情况下,实现搅拌摩擦焊侧墙板月产量从 72 节突破到 120 节,工效提升 66.6%;通过优化现场布局,建立模块化生产,推进应用侧墙单元组焊通用化工装等措施,实现侧墙单元组焊月产量从 78 节/月提升至 104 节/月,大幅提升员工幸福指数并降低了委外成本。

工匠成长经历

怀揣着工匠梦想的朱献于 2006 年 9 月选择进入湖南铁道职业技术学院学习,成为机电工程系焊接及自动化 062 班的一名学生。在校期间,朱献在学习上有着绳锯木断、水滴石穿的坚持和刻苦,成绩始终名列前茅;同时,为了提升自身的综合能力,朱献积极竞选担任班级副班长和机电系劳卫部部长的职务。2009 年 7 月朱献顺利学成毕业。同年,他通过校园招聘进入中车株洲电力机车有限公司工作,从事电焊工工作。他于 2010 年担任班组组长职务;2011 年担任班组班长职务;2012 年考取电焊工高级工资质;2013 年破格升为电焊工技师;2018 年考取电焊工高级技师;现任车体事业部侧墙工位工位长,负责车间侧墙工位各项生产管理工作。经过多年的磨炼,他熟练掌握了铝合金 MIG 焊焊接、机器人焊接及搅拌摩擦焊焊接操作。

2012 年朱献代表公司参加第一届北京嘉克杯国际焊接大赛,荣获机器人焊第一名,同时被授予"中央企业技术能手""中央企业青年岗位能手"称号。

多年来,朱献带领团队攻克生产过程中的众多难点及瓶颈问题,同时善于总结及归纳,在国家、省市书刊及杂志上发表过多篇论文及著作。其中,他的论文《复杂工件机器人焊接》荣获 2014"中三角"焊接发展论坛征文大赛一等奖;论文《铝合金动车组侧墙板平面度尺寸超差控制》被评为 2016

年湖南焊接学术会议优秀论文一等奖；论文《论搅拌摩擦焊侧墙板二次焊接法的应用》在2019"田心杯"轨道交通先进金属加工技术征文大赛中获得特等奖。另外，他参与编写的《焊接基础知识》《焊接初、中级培训教材》《焊工教程（职业技能三级/高级）》等十余本书籍已出版。

2018—2020年，在事业部各级领导的指导下，朱献带领工位党员攻关小组，通过优化工步，运用标准作业组合票工具及火焰矫正工艺，验证反变形法在搅拌摩擦焊侧墙板上的成功应用，在取消零点班的情况下，实现搅拌摩擦焊侧墙板月产量从72节突破到120节，工效提升66.6%；通过优化现场布局，建立模块化生产，推进应用侧墙单元组焊通用化工装等措施，实现侧墙单元组焊月产量从78节/月提升至104节/月，大幅提升员工幸福指数并降低了委外成本。同时，他编写的改善提案"基于标准作业组合票应用的搅拌摩擦焊产能提升优化"荣获公司一等奖；金点子"火焰矫正在搅拌摩擦焊侧墙板上的应用"荣获事业部特等奖。另外，他连续三年带领工位团队分别荣获了"公司先进班组""先锋班组"荣誉称号。

时光荏苒，朱献已然褪去了刚入职时的青涩，经过十多年的工作，成熟了不少，但他依然怀着"没有松柏恒，难得雪中青"那份执着，始终坚持提高自身的技艺。朱献在工作中也曾遇到过很多的挫折，但每次他都告诉自己，不管遇到什么，都要扛过去。近年来朱献荣获"中车技能专家"、"湖南省高级考评员"、"株洲市第一批高层次人才"，以及株机公司"模范党员""优秀员工""优秀技师"等荣誉称号。

朱献始终怀揣他的工匠梦想。并用工匠精神一点点的点亮属于他自己的精彩人生。

工匠话匠心

"我们必须有咬定青山不放松的坚持和韧性,成大事不在于力量的大小,而在于能坚持多久。工作无论大小,如果毕其一生去做,那就是一种巨大的成功。敬畏自己的职业,用正确的工作理念指导自身工作,才会有善果。"

"青年岗位能手"刘昌盛：持之以恒 不忘初心

工匠简介

　　刘昌盛：湖南铁道职业技术学院焊接及自动化专业2009届毕业生，现任中国中车株洲电力机车有限公司城轨事业部车体二班班长；工作期间，先后获得"中国中车技术能手""中国中车劳动奖章""中国中车青年技术能手""中国中车优秀共产党员""中央企业技术能手"等荣誉；2019年被评为"全国技术能手"；2020年被授予"中车技能专家"荣誉称号。

工匠绝学

在工作过程中,刘昌盛始终把技能竞赛作为提升自己技艺的突破口,通过每一次尝试,不断挑战自己、提升自己,拿下一个又一个荣誉,在铝合金机器人焊接、铝合金 MIG 焊接、松下机器人焊接、碳钢 MAG 焊接等焊接方面均取得了不错的成绩。

工匠成长经历

"自 2008 年进入公司,对于各级技能比武,只要有机会,我都会参加。成绩有好也有坏,但每一次都能发现自己的不足,一次次的总结与归纳,使我自身的能力水平得到有效提升。作为一名共产党员,十年来,我始终以一颗持之以恒、不忘初衷的心,扎根本职岗位,以工匠的精神严格要求自己。"这是刘昌盛在举办的"讲述工匠故事、弘扬工匠精神"访谈会上对自己十年来的工作总结。

刘昌盛是城轨事业部电焊工、车体二班班长,先后获得"中国中车劳动奖章""中国中车技术标兵""中国中车杰出青年岗位能手""公司模范党员"等荣誉。

2017 年生产异常繁忙,项目切换频繁,作为共产党员的刘昌盛,时刻发挥模范带头作用,积极带领团队攻坚克难。在试制双层动车组时,侧墙板吊装受到长度、高度、底架台阶等因素的影响,限制了生产进程。刘昌盛查看了大量资料,并结合之前新车试制吊装经验很快提出了有效的解决方案,为整车试制过程节省了大量时间,保质保量地完成了首节车体制造。

提升技能水平,始终是他追求的目标。

作为一名车体制造总组装工序台位上的电焊工,刘昌盛需要熟练掌握机器人自动焊与手工气体保护焊两种不同的领域操作,以及各类工艺参数和工艺要求。他既要扮演"兵头将尾"的角色,又要有过硬的操作技能和事事争先做表率的工作态度。因此,他几乎将所有业余时间都用在学习机器人焊接和手工气体保护焊上。

"天下事有难易乎，为之，则难者亦易矣！不为，则易者亦难矣。"机会是留给有准备的人。2014年，国资委举办"嘉克杯"国际焊接大赛，经过层层选拔，刘昌盛最终凭借自己过硬的技能，代表公司参加第二届"嘉克杯"国际焊接大赛。由于经验不足，他未能发挥出应有的水平，以第四名的成绩结束了自己的第一次国际性大赛。当时，他非常失落，觉得对不起妻子（当时妻子已经怀孕即将临盆，自己却不能陪伴在身边），但他没有沉浸在失败的阴影里，而是及时总结失败原因，找出自己和别人的差距，更加严格要求自己，刻苦钻研，严阵以待下次机会的到来。

时隔3年，2017年10月，中国中车在南京举办"第二届职业技能大赛"。他毫不犹豫地报名参加公司的选拔赛，几经鏖战，最终进入决赛，再次代表公司参加比赛。此时此刻的他，怀揣着师傅的期望、领导的信任、同事的支持，再次踏上征程。

有了第一次国际大赛的经验，此次比赛就游刃有余多了，发挥自己的应有水平，他最终以位列前三名的成绩，被授予"中国中车劳动奖章""中国中车技术标兵"等荣誉，同时被人力资源和社会保障部授予"全国技术能手"称号。赛后，刘昌盛表示，自己将再接再厉苦练技能，未来争取拿到更好的成绩。

在公司的大力培养下，刘昌盛也慢慢成长为一名有经验的技术工人，他将自己所学分享给更多的人。在突如其来的疫情导致无法复工的情况下，刘昌盛有幸被国家级刊物《金属加工》杂志社邀请在线上进行《碳钢复杂工件机器人焊接》公益直播，收获近8000人次的在线互动；与更多的工匠大师进行了线上互动学习。当年,刘昌盛还首次作为公司机器人比赛教练带领选手参加了第三届全国行业职业技能竞赛,他所带领的队伍荣获团体铜奖,公司也被授予"优秀组织奖"。刘昌盛通过个人的实际行动回馈了公司,回馈了社会。

工匠话匠心

"工欲善其事 必先利其器。要想实现自己的梦想,取得不错的成就,首先就要提高自身的能力,玉不琢,不成器;人不学,不知道。无论是专业知识理论还是实训技术与实践能力,都是我们人生道路上的巨大助力。"

"火箭型"职工盛润五：心中有个"小目标"

工匠简介

盛润五：湖南铁道职业技术学院机电工程系供热通风与空调工程技术专业 2012 届毕业生，现为南昌局集团公司车辆钳工、班组质检员；福州车辆段历史以来在客车车辆钳工组比赛夺冠的"第一人"；2016 年原中国铁路总公司第二届职工职业技能竞赛冠军。

工匠绝学

从 2013 年到 2016 年 700 多个工作日不间断"充电",盛润五抄写了数不清的 A4 纸。此后在多次理论抽考中他都名列前茅,渐渐拥有了"理论小王子"的雅号。

工匠成长经历

在福州车辆段,盛润五参加工作没几年就凭借过硬实力,在全局、全路技术比武中斩获佳绩的职工,被称为"火箭型"职工。他是福州车辆段众多"火箭型"职工中的一员。2012 年入路的他,在 2016 年全路车辆系统客车职业技能竞赛中勇夺车辆钳工组个人全能第一名。

"合抱之木,生于毫末;九层之台,起于累土。"盛润五的成功也不是凭空而来的,光辉的背后是不断的积累与努力。

2012 年的秋季,盛润五第一次到福州车辆段检修车间台车工班见习,"脏、累、苦"的环境对于农村出身的他而言没有"感觉",真正让他有"感觉"的却是专业不对口。盛润五学的是供热通风与空调工程技术、画的是暖通图纸、摸的是空调过滤网,初来乍到的他面对动辄 100 多公斤的配件、2000 多公斤的转向架心里发怵。那一年,福州车辆段喜获大丰收:乐志伟、蓝榕峰分别获得全路系统客车职业技能竞赛车辆钳工和车辆电工的"状元"。那一刻盛润五就定下了参加比赛夺取佳绩的"小目标",此后的四年时间里他一次次向着"小目标"奔跑。

2013 年初夏,盛润五首次参加车间的劳动竞赛就旗开得胜,他用时最短、故障查找最全面,获得了第一名。然而,最困难的时候是离成功最近的时候,在半个月的全段比赛中,盛润五因为理论比赛成绩拖后腿而"落榜"。

"火箭型"职工盛润五：心中有个"小目标"

前后巨大的反差对于一个20岁出头的小伙子的打击不下于晴天霹雳。

人的生命似洪水在奔流，不遇到岛屿、暗礁，难以激起美丽的浪花。挫折磨难是锻炼意志增强能力的好机会，于是盛润五再次拿起厚厚的理论书，只不过这次他"聪明"了，和死记硬背说"拜拜"，每天抄两张A4纸的内容，带到工作现场，一边干活，一边对照，一边理解记忆。从2013年到2016年700多个工作日不间断"充电"，他抄写了数不清的A4纸。此后在多次理论抽考中他都名列前茅，渐渐拥有了"理论小王子"的雅号。

这些年，盛润五一直在外制动检修岗位上，这个岗位的工作没有分解配件的繁杂，没有组装构架的难题。但盛润五没有懈怠和偷懒，反而"自找麻烦"。一次在制动单车试验时，他发现压力表指针"刷、刷"地下落，无法保压。他愣了愣，马上想到了"分段查找漏风"。第一步：先关闭截断塞门，对主管的接头、管壁涂抹肥皂水，逐一观察，确认无异常后才进入。第二步，在截断塞门开启的状态下对工作风缸和副风缸开始试验。结果出人意料，常见泄漏点居然完好无损但压力失常。这是什么原因呢？盛润五在脑子里将理论书的内容重新"过"了一遍。而此时他的同事已经开始催促："盛润五别磨蹭了，我看就是104阀漏风，赶紧卸了。"盛润五说："等等，我去试验中间体，应该是那里漏风。"他的同事质疑："什么？中间体，怎么可能呀？"他说干就干，结果还真是中间体裂纹造成压力泄漏。一件危及行车安全的重点故障就在盛润五的"自找麻烦"中被查出。更换垫片、紧固接头、风表试验——看似没有技术含量的活，盛润五干起来却有滋有味。2016年盛润五获得全路技能竞赛的"入场券"。

人生伟业的建立，不在能知，乃在能行。为了获得佳绩，盛润五再次发挥了咬定青山不放松的刻苦精神，"钻"进了练功基地。单车检查是他的弱项，为了缩短故障检测时间，盛润五尝试了 N 种办法，后来想到"逐个击破"的办法：在每个环节自设故障反复练习，直到对故障类型一眼辨别。这个"笨办法"让他将单车检查时间控制在 28 分钟以内。

功夫不负有心人，在 2016 年全路车辆系统客车职业技能的赛场上，盛润五在与众多高手、强手的较量中，一路闯关夺隘，冲出"重围"，最终获得了第一名。

工匠话匠心

"读书真的是一件需要认真刻苦、持之以恒的事情。锲而舍之，朽木不折；锲而不舍，金石可镂。百尺竿头须进步，十方世界是全身。学习的道路永远没有尽头。歌德说过：目标越接近，困难越增加。就像生命的红酒永远榨自破碎的葡萄，生命的甜汁永远来自压干的蔗茎。但愿每一个人都像星星一样安详而从容地不断沿着既定的目标走完自己的路程。"

后记

把学校办成大国工匠的摇篮

2017 年，我调任湖南铁道职业技术学院校长，在熟悉了解学校的办学历史和成果的时候，我无比欣喜地发现，学校不少毕业生都已成为行业顶尖的技术技能人才，其中获得"高铁工匠""铁路工匠""火车头奖章"及全国、全路"技术能手"称号的优秀毕业生数以百计。于是我们组织力量，由时任学校党委委员、宣传统战部部长易今科同志牵头开始挖掘、采写、宣传他们的典型案例，力图让身边人影响身边人，用身边事教育身边人，用"学长学姐"们的故事感染后来的"学弟学妹"们。这几年又有新的典型不断涌现，令人十分开心。

这一次，我们组织采写的第一批 41 位优秀毕业生典型案例要汇编出版了，书名为《匠心点亮人生——湖南铁道职业技术学院优秀毕业生典型案例》。在这骄阳似火的盛夏季节，我陆陆续续地读完了这本书的初稿。我的心跟随这些毕业生到了广袤的祖国大地，那展开他们青春故事的地方。我也沉浸于他们的奋斗进行曲中，为他们骄傲，为他们欢笑。同时，我也有很多话，想在这里说一说。

他们太优秀了！他们中有国务院政府特殊津贴获得者陈士华，有全国技术能手聂毅，有"全国五一劳动奖章"获得者谢光明，有毕业两年就圆梦全路总冠军的刘鹏，有钢轨上的"吉普赛女孩"高爱民，有女地勤机械师黄靖……他们有一个共同的特点，就是始终不忘对事业的执着和追求。他们向师父学习，向社会这本"大书"学习，向群众学习，在实践中磨砺自己，把在校学习到的书本知识和社会实践有机结合起来，提高自己的技术技能和职业素养，不断锤炼自己的工匠精神，不怕艰难困苦，不断超越自己，最终成为了一个个"大国工匠"，谱写了一部以青春理想为底色的奋斗史。

他们太幸运了，因为身处一个好的时代。国家的好政策为铁路、城市轨道交通、先进装备制造行业带来了前所未有的发展机遇。"十三五"期间，全国铁路营业里程达到 15 万千米，其中高速铁路增加了 1.8 万千米，达到 3.8 万千米。轨道交通行业的大发展带来了对铁路技能型人才的旺盛需求，也对铁路技能型人才在安全、质量、服务等方面提出了更高的要求，更重要的是，为技术技能型人才提供了施展才华、报效祖国的巨大舞台。

这些优秀毕业生，给从事职业教育的工作者带来了思考——怎样才能培养出更多更好的适应经济社会发展的高素质技术技能型人才？

2021 年全国职业教育大会召开前夕，习近平总书记对职业教育工作做出重要指示，提出在全面建设社会主义现代化国家的新征程中，职业教育前途广阔、大有可为。要坚持党的领导，坚持正确办学方向，坚持立德树人，培养更多高素质技术技能人才、能工巧匠、大国工匠。要弘扬工匠精神，提高技术技能人才社会地位，为全面建设社会主义现代化国家、实现中华民族伟大复兴的中国梦提供有力人才和技能支撑。党的十九大报告也提出要建设知识型、技能型、创新型劳动者大军，弘扬劳模精神和工匠精神，营造劳动光荣的社会风尚和精益求精的敬业风气。这为职业教育的人才培养指明

后记

了方向，提供了遵循。

几年来，我在各种场合反复强调要构建"厚基础、重复合、强素养"的育人体系，反复强调要培养学生的使命担当、职业素养和工匠精神，反复强调要着力培养具有"家国情怀、宽广视野、阳光心态、火车头精神"的湖南铁道特质学生。我的同人们与我心有同感，一起合力把这些理念付诸教育教学实践，取得了较好的教育教学效果。

读完这本书，我对使命担当、职业素养、工匠精神这三个关键词的认识更加清晰，我们的优秀毕业生身上就强烈地体现了这三个关键词的精神气质，这更加坚定了我们办学的方向和信心。在这里，我想再一次谈谈这三个关键词。

职业学院要坚定不移地培养学生的使命担当

2014年5月4日，习近平总书记在北京大学师生座谈会上谈到：要勤于学习、敏于求知，注重把所学知识内化于心，形成自己的见解，既要专攻博览，又要关心国家、关心人民、关心世界，学会担当社会责任……当代中国青年一定能够担当起党和人民赋予的历史重任，在激扬青春、开拓人生、奉献社会的进程中书写无愧于时代的壮丽篇章！

党的十九大报告指出，中国特色社会主义进入了新时代，要着眼"培养担当民族复兴大任的时代新人"。大学生担当精神的培育在新时代显得尤为重要和突出，它关系到国家的未来和民族的希望。

职业学院培养学生的使命担当，是职业学院办学的必然要求。因为职业学院培养的人才，都是技术技能型人才，他们都是铆在社会这个机床上的螺丝钉，必须有螺丝钉的使命担当，必须正确地认识个人与集体、个人奋斗与祖国命运的关系；他们还必须有能工巧匠、大国工匠的使命担当，勇于钻研新技术、新工艺，为祖国的现代化事业，为中国逐渐走向世界舞台中央做出贡献。高铁已成为"中国名片"。我们提出塑造"家国情怀""宽广视野"特质，正是基于使命担当的特殊要求。我们希望学校培养的学生能够胸怀远大理想和家国情怀，自觉担当时代使命，积极履行公民义务，为实现中华民族伟大复兴自觉行动；能够具有全球意识和开放心态，积极参与国际交流与合作，尊重文化差异，关注全球挑战，理解和实现人类命运共同体的内涵和价值。

职业学院要一以贯之地培养学生的职业素养

职业素养是指职业内在的规范和要求，是在职业过程中表现出来的综合品质，包含职业道德、职业技能、职业行为、职业作风和职业意识等方面。职业素养至少包含两个重要因素：敬业精神及合作的态度。敬业精神就是在工作中将自己作为组织的一部分，不管做什么工作一定要做到最好，发挥出实力，对于一些细小的错误要及时更正，敬业不仅仅是吃苦耐劳，更重要的是"用心"做好组织分配给自己的每一份工作。态度是职业素养的核心，好的态度（如负责的、积极的、自信的、建设性的、欣赏的、乐于助人等态度）是决定成败的关键因素。我们提出"强素养"，塑造"阳光心态"特质，正是基于职业素养培养的要求。我们希望学校培养的学生能够爱岗敬业，具有健康的身心和乐观的人生态度，悦纳自己，包容他人；能够与人和谐相处；能够换位思考，自我解困；能够具有感恩的情怀和不屈的意志；能够在困境中砥砺前行。

后记

职业学院要立足于高等职业教育"高素质技能型专门人才"的培养目标，遵循社会主义核心价值观，按照科技与人文相融合的"绿色教育"理念，以提高学校文化品位为重点，以提高教师的文化素养为基础，以提升学生职业态度、职业道德、职业作风、职业意识等为主要内容的职业人文素质为根本，培养学生的敬业精神，提高他们的合作态度和创新创造能力，引导学生形成正确的职业观、价值观，促进学生全面可持续发展，培养大批知识、技能与素质相协调，做人与做事相统一的和谐职业人。

职业学院要持之以恒地培养学生的工匠精神

"工匠精神"是当今时代的热词，它承载了中华民族几千年来的优秀文化和传统。一部中华史，也是一部中华"工匠精神史"。至今，"庖丁解牛"的故事仍深入人心，"鲁班奖"仍是中国建筑行业工程质量领域的最高荣誉，赵州桥和故宫的修建技术还备受世界桥梁专家和建筑专家的推崇，这一切足见中国传统"工匠精神"的魅力。

2016年3月5日，李克强总理在政府工作报告中首次正式提出"工匠精神"，是希望全社会追求对产品精雕细琢、精益求精的精神理念，促进消费品工业增品种、提品质、创品牌，更好地满足群众消费升级的需求。2020年11月24日，习近平总书记在全国劳动模范和先进工作者表彰大会上的讲话中精辟概括了"工匠精神"的深刻内涵：执着专注、精益求精、一丝不苟、追求卓越。职业学院培养学生的"工匠精神"，要给学生讲清楚"工匠精神"的内涵和要求。执着专注是"工匠精神"的外在体现，精益求精是"工匠精神"的客观标准，一丝不苟是"工匠精神"的内在要求，追求卓越是"工匠精神"的价值目标。"火车头精神"特质的提出,正是基于"工匠精神"培养的要求。"火车头精神"是我们株洲这座城市的城市精神,体现了"火车拖来的城市"的城市特点,体现了株洲轨道交通产业的优势,体现了株洲的工业文化特质,体现了株洲人敢为人先的精神风貌。我们希望学校培养的学生能够具有昂扬奋进、敢为人先、自我突破、一往无前、追求卓越的精神;具有严格的纪律意识、高度的服从意识和自觉的安全意识。

学校这些年的办学实践、办学成就,与本书呈现的优秀毕业生在社会广阔舞台上的出色表现交相辉映,互相印证。通过学校的培养,他们养成了良好的职业素养,涵养了"湖铁特质",为他们走上工作岗位打下了坚实的基础。参加工作后,他们进一步弘扬"工匠精神",在平凡的岗位上始终如一,一步一个脚印,最终取得了不平凡的业绩。"高铁工匠""铁路工匠""技术能手"不断涌现,为推进中华民族伟大事业、实现伟大梦想贡献了湖南铁道职业技术学院优秀毕业生的责任担当。

教育是一项不舍昼夜的工作,可以说生生不息。一批学生完成了一个阶段的教育周期走出去了,另一批学生又怀着热情和憧憬走进来了。作为教育工作者,我们承担着无穷无尽的责任。

欣喜地读着《匠心点亮人生——湖南铁道职业技术学院优秀毕业生典型案例》,作为一名教育工作者,与书中的优秀毕业生的心是连在一起的。母校为他们出书,把他们的荣耀呈现出来,希望他们的事迹能够激励学校后来的莘莘学子。同时,希望我们的老师也能从书中体会到教书育人的骄傲感和成就感,不断提升自己的教育情怀和责任感,以坚定的理想信念、扎实的专业学识、高尚的道德情操、宽厚的仁爱之心去培养每一位学生,

后记

厚植技术技能型人才发展的土壤，使他们打上"湖南铁道特质学生"的深刻烙印，也为他们未来的发展打下良好的基础，使我们的学校成为更多"大国工匠"的摇篮。

2022 年 8 月